라나돌스의
손뜨개 인형

라나돌스의
손뜨개 인형

펴낸날 초판 1쇄 2019년 11월 1일 | 초판 3쇄 2021년 11월 5일

지은이 라나

펴낸이 임호준
출판 팀장 정영주
편집 김유진 이상미
디자인 유채민 | **마케팅** 길보민
경영지원 나은혜 박석호 | **IT 운영팀** 표형원 이용직 김준홍 권지선

인쇄 (주)웰컴피앤피

펴낸곳 비타북스 | **발행처** (주)헬스조선 | **출판등록** 제2-4324호 2006년 1월 12일
주소 서울특별시 중구 세종대로 21길 30 | **전화** (02) 724-7632 | **팩스** (02) 722-9339
포스트 post.naver.com/vita_books | **블로그** blog.naver.com/vita_books | **인스타그램** @vitabooks_official

ⓒ 라나, 2019

이 책은 저작권법에 따라 보호를 받는 저작물이므로 무단 전재와 무단 복제를 금지하며,
이 책 내용의 전부 또는 일부를 이용하려면 반드시 저작권자와 (주)헬스조선의 서면 동의를 받아야 합니다.
책값은 뒤표지에 있습니다. 잘못된 책은 바꾸어 드립니다.

ISBN 979-11-5846-309-0 13630

> 비타북스는 독자 여러분의 책에 대한 아이디어와 원고 투고를 기다리고 있습니다.
> 책 출간을 원하시는 분은 이메일 vbook@chosun.com으로 간단한 개요와 취지, 연락처 등을 보내주세요.

비타북스 는 건강한 몸과 아름다운 삶을 생각하는 (주)헬스조선의 출판 브랜드입니다.

코바늘로 손쉽게 완성하는
나만의 친구들

라나돌스의 손뜨개 인형

라나 지음

비타북스

PROLOGUE

"이거 얼마예요?"
"죄송해요, 이 아이들은 판매용이 아니에요. 모두 자식 같은 아이들이라 팔 수가 없어요."
"대신, 만드는 법을 알려드릴게요!
아주 쉽게 완성할 수 있는 법을 알려드릴 테니 직접 만들어 보세요!"

제가 10년 째 운영하고 있는 안경원 한쪽 모퉁이에는
6년 전부터 만들기 시작한 손뜨개 인형이 가득합니다.
덕분에 하루에도 몇 번씩 인형을 구매하고 싶다 찾아오는 손님들을 맞이하곤 하지요.
하지만 언제나 저의 대답은 똑같습니다. "죄송합니다. 이 인형들은 판매용이 아닙니다."

그저 인형 하나일 뿐인데 유난이라고 생각하시는 분도 있을 겁니다.
하지만 인형의 코 하나하나에 그때의 시간과 감정이 녹아 있는 소중한 아이들인 터라
저는 도저히 팔 수 없어요.

그 대신, 저는 저의 인형에 관심 있는 분들이 직접 인형을 만들어볼 수 있도록
그 방법을 블로그에 공유하기 시작했습니다.
너무나 많은 분들이 함께 뜨는 즐거움에 공감해 주셨고,
덕분에 '라나돌스의 창작연구소'라는 카페는 물론, 홈페이지와 유튜브까지 개설하게 되었어요.

저의 도안을 통해 처음 손뜨개 인형 만들기에 성공했다는 이야기,
직접 만든 인형으로 무뚝뚝했던 아이와 다시 소통을 시작했다는 이야기,
인형 친구들과 함께 우울한 마음을 극복했다는 이야기 등
인형 뜨개를 통한 다양한 사람들의 행복한 경험담을 들으며
혼자 인형 만드는 재미 못지않게
다른 사람과 함께 뜨는 즐거움 역시 크다는 것을 알게 되었습니다.
이 책을 통해 더 많은 이들과 손뜨개 인형 만들기의 즐거움을 함께 나누고 싶어요.

이 책이 나오기까지 나침반이 되어준 비타북스 이한결 편집자님,
저에게 열정을 물려주신 부모님과 든든한 가족들,
항상 응원을 아끼지 않는 친구들 재희, 정숙, 희선.

모두 고맙습니다.

라나

CONTENTS

Prologue 4
재료와 도구 22
바늘 잡는 법 24
실 잡는 법 24
바늘에 실 감는 법 24
실에 맞는 바늘 찾기 25

PART 01 GET READY?
※※※ 인형 친구들을 만나기 전 ※※※

기본 뜨개
사슬뜨기 28
짧은뜨기 29
이랑뜨기 30
앞이랑뜨기 31
짧은뜨기로 2코 늘리기 32
짧은뜨기로 2코 줄이기 32
뒤걸어짧은뜨기 34
빼뜨기 35
긴뜨기 36
한길긴뜨기 37
한길긴뜨기로 2코 늘리기 38
한길긴뜨기로 2코 줄이기 39
조개무늬뜨기 40

형태 뜨개
평면뜨기 42
원형뜨기 43
타원뜨기 46
원통뜨기 47

TIP
실 색 바꿔 잇기 48
실 자르고 마무리하기 50
실 숨기기 50
솜 채우기 51
돗바늘 마무리하기 51
바느질로 연결하기 52
바느질을 쉴 때 54
크기 다르게 인형 뜨기 55

Q&A
인형 뜨개를 위한 실이 따로 있나요? 56
명칭이 너무 헷갈려요. 56
빼뜨기와 기둥사슬 세우기는 꼭 해야 하나요? 57
빼뜨기한 부분이 자꾸 사선으로 휘어요. 57
촘촘하게 뜨는 방법이 궁금해요. 58
편물의 겉면과 안쪽 면을 구분해야 하나요? 59
인형 세탁은 어떻게 하나요? 59

도안 읽기 60

LET'S PLAY!

※※※ 인형 친구들과 신나게 놀아볼까요 ※※※

엉뚱곰과 함께
뜨개 산책

64

엉뚱곰 커플의
웨딩 파티에 초대합니다

74

고향이 그리운
선인장 친구들

86

평화로운 동물나라 티타임

100

빵빵이와 핫도개의
즐거운 산책 시간

116

우주여행 삐리삐리

130

함께라면 따뜻해

144

알콩달콩 투닥투닥 납작커플

156

재료와 도구

면 혼방사

면에 레이온, 아크릴이 섞인 실을 말합니다. 순면사보다 부드러워 인형 만들기에 좋아요. 책에 등장하는 대부분의 인형은 '로미오'라는 면 혼방사를 이용해 만들었으니 참고하세요.

모사용 코바늘

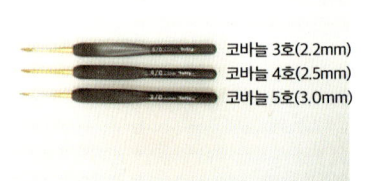

인형을 뜰 때는 속에 채워 넣은 솜이 빠져나오지 않도록 촘촘하게 짜는 것이 중요합니다. 이를 위해서는 실 라벨에 적혀 있는 바늘 호수보다 한 치수 작은 것을 사용하는 게 좋아요. 호수가 클수록 바늘의 굵기가 굵어지니 참고하세요.

돗바늘

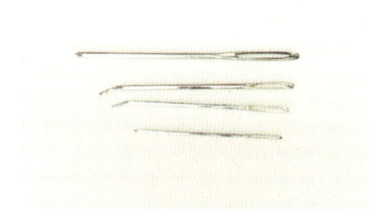

인형의 각 조각을 조립할 때 사용합니다. 섬세한 조립을 위해서 굵기별로 여러 개의 바늘을 준비해 주세요.

시침핀

바느질 전 정확한 위치를 표시하고 각 조각을 고정할 때 사용합니다.

단수링

뜨개질의 시작 위치를 표시하거나 단수를 표시할 때 걸어두면 유용해요.

수성펜

물에 쉽게 지워지는 수성펜은 조립 전 각 조각의 위치를 표시할 때 사용합니다.

겸자

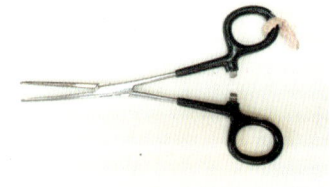

손가락이 들어가기 힘든 좁고 깊은 공간에 솜을 넣을 때 사용합니다. 특히 발과 팔의 구석 끝까지 솜을 채워 넣을 때 자주 사용해요.

핀셋

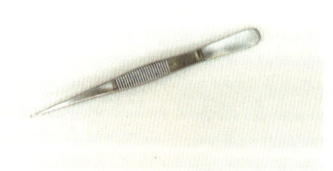

겸자 대신 솜을 채워 넣거나, 바느질 후 길게 남은 실을 인형 속에 넣어 정리할 때 사용합니다.

단추

인형의 눈이나 코를 표현할 때, 또는 인형을 장식할 때 사용합니다. 단추의 모양에 따라 인형의 느낌을 각기 다르게 표현할 수 있어요.

콩단추

인형의 눈이나 코를 표현할 때 주로 사용합니다. 콩과 비슷한 모양 때문에 콩단추라는 이름이 붙었어요.

방울솜

인형을 만들 때에는 서로 엉켜 뭉치지 않는 방울솜을 이용하는 것이 좋습니다. 모양을 잡기에도 쉬워 초보자에게 적합합니다.

가위

실을 정리하거나 펠트 등을 오려 모양을 만들 때 사용합니다. 실의 단면이 깔끔하게 잘리는 쪽가위를 사용하면 더욱 좋아요

바느질용 실

인형에 눈이나 코를 표현하기 위한 단추를 달 때 사용합니다. 책에서는 20수 재봉사를 사용하는데, 일반실에 비해 두껍고 튼튼해 편물에 바느질할 때 더 적합하기 때문이에요.

일반 바늘

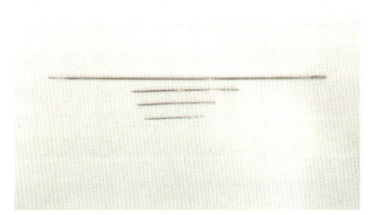

바느질용 실을 사용해 바느질할 때 사용합니다. 다양한 길이로 준비해 인형의 크기에 맞춰 사용할 수 있어요.

공예용 와이어

인형 안에 넣어 모양을 잡으면 인형의 팔이나 다리를 자유롭게 움직일 수 있어요. 다만 어린 아이들이 사용할 인형에는 넣지 않는 편이 안전하니 유의하세요.

바늘 잡는 법

》 연필 잡는 방식

바늘 끝 갈고리가 아래를 향하게 한 뒤 중지와 엄지를 이용해 연필을 잡듯 바늘을 잡습니다.

》 칼 잡는 방식

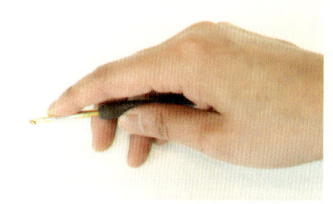

바늘 끝 갈고리가 아래를 향하게 한 뒤 검지를 길게 뻗은 상태로 공예용 칼을 쥐듯 바늘을 잡습니다.

실 잡는 법

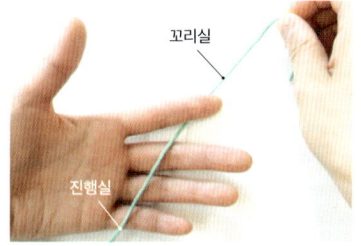

꼬리실
진행실

① 왼쪽 손가락 위에 실을 올려 두고 검지 뒤로 실을 넘깁니다.

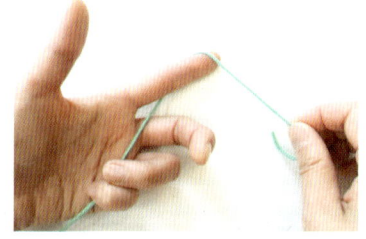

② 검지 뒤로 넘긴 실로 손가락을 감고 왼손 약지로 진행실을 잡습니다.

③ 엄지와 중지로 꼬리실의 끝을 잡습니다. 실을 걸어 둔 검지를 구부렸다 펴며 실의 장력을 조절해주세요.

바늘에 실 감는 법

① 실 위에 바늘을 놓습니다.

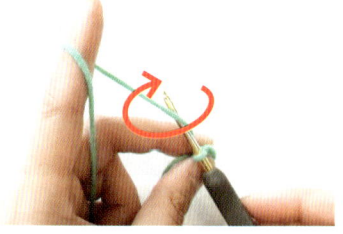

② 바늘을 실 아래에서 위쪽으로 화살표 방향으로 돌려 실이 감기도록 합니다.

③ 감은 실을 바늘 끝 고리에 걸어 끌어옵니다. 모든 뜨개에서 실을 감을 때 이 방법을 활용하세요.

실에 맞는 바늘 찾기

실 굵기에 맞는 적당한 바늘을 사용하는 것은 인형 뜨개의 기본입니다. 일반적으로 인형 뜨개에서는 더 촘촘한 짜임을 위해 실 라벨에 적혀 있는 치수보다 한두 단계 작은 바늘을 선택해요. 하지만 사람마다 손의 장력이 다르고, 회사마다 표기법도 다르기 때문에 인형을 뜨기 전 내가 사용할 바늘보다 한 치수씩 위아래 바늘을 사용해 샘플을 만들어 비교해보는 것이 좋습니다.

» 모사용 코바늘 7호

» 모사용 코바늘 5호

» 모사용 코바늘 3호

실보다 바늘이 굵은 경우 편물이 쉽게 늘어나고 코 사이 구멍이 생겨 솜이 쉽게 빠져나갈 수 있어요.

당겼을 때 편물이 잘 늘어나지 않고 비교적 코 사이 구멍이 보이지 않는 촘촘하게 잘 짜인 모습입니다.

실보다 바늘이 가늘면 짜임이 너무 치밀해져 뻣뻣한 느낌을 줘요.

GET READY!

인형 친구들을 만나기 전 ♪

기본 뜨개

사슬뜨기 *chain stitch*

코바늘뜨기에서 기본이 되는 뜨개법이에요. 평면뜨기나 타원뜨기 같은 형태 뜨개에서 바닥코로 사용하는 뜨개법이기도 하니 충분히 연습해 두세요.

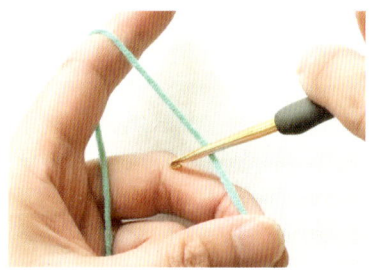

① 바늘을 실 위에 놓습니다.

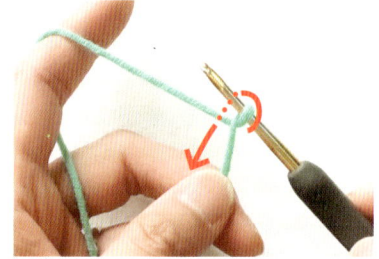

② 바늘을 아래로 향하고 시계 반대 방향으로 반 바퀴 돌린 뒤 바늘 머리를 다시 위로 올려 시작 고리를 만듭니다.

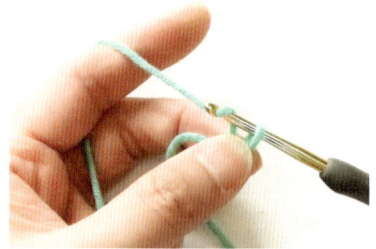

③ 실이 꼬인 부분을 엄지와 중지로 단단히 잡은 뒤 바늘에 실을 감습니다.

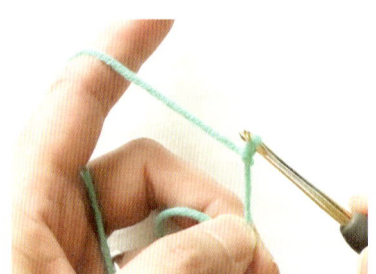

④ 실이 감긴 바늘을 고리 사이로 빼 매듭을 만듭니다. 지금 생긴 첫 번째 코는 콧수에 포함되지 않아요.

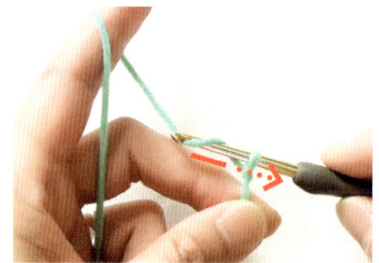

⑤ 실을 바늘에 한 번 더 감은 뒤 바늘을 고리 사이로 빼주면 사슬뜨기 1코가 완성됩니다.

⑥ ⑤ 과정을 반복해 필요한 만큼 사슬뜨기를 진행합니다. 사진은 사슬뜨기 10코를 완성한 모습이에요.

tip

- **사슬머리** : 사슬뜨기의 앞면에 생기는 V자 모양의 코를 말합니다.
- **사슬산** : 사슬뜨기의 뒷면에 생기는 가운데 볼록한 부분을 말합니다.

사슬머리 　　　　사슬산

짧은뜨기 *single crochet*

인형 뜨기에 가장 자주 사용되는 뜨개 방법입니다. 조직이 촘촘하기 때문에 솜을 넣어 완성하는 인형 만들기에 가장 적합한 뜨개법이기도 해요. 모든 인형의 몸통이나 얼굴 등 전체적인 형태를 짜는 데 활용되니 확실하게 익혀 주세요.

❶ 아랫단 코에 바늘을 끼웁니다.

❷ 바늘에 실을 감습니다.

❸ 실이 감긴 바늘을 코 사이로 빼 고리를 만듭니다. 이때 바늘에 걸린 고리의 개수는 2개입니다.

❹ 바늘에 실을 한 번 더 감습니다. 실이 감긴 바늘을 2개 고리 사이로 모두 빼주면 짧은뜨기 1코가 완성됩니다.

❺ ❶~❹ 과정을 반복해 필요한 만큼 짧은뜨기를 진행합니다. 사진은 짧은뜨기 5코를 완성한 모습이에요.

이랑뜨기 *back loop only*

이랑뜨기는 무늬를 만들거나 치마를 뜰 때 자주 사용하는 기법으로 바늘을 전체 코가 아닌 뒤쪽 반코에 걸어 뜨는 것을 말해요. 바늘을 끼우는 코의 위치만 다를 뿐 뜨개 방식은 짧은뜨기와 동일하니 헷갈린다면 짧은뜨기 설명을 참고해 주세요.

① 색칠한 부분이 바늘을 끼울 위치입니다.

② 표시한 아랫단 코의 뒤쪽 반코에 바늘을 끼웁니다.

③ 바늘에 실을 감은 뒤 첫 번째 고리 사이로 빼줍니다.

④ 바늘에 실을 한 번 더 감은 뒤 2개의 고리 사이로 모두 빼주면 이랑뜨기 1코가 완성됩니다.

⑤ ①~④ 과정을 반복해 필요한 만큼 이랑뜨기를 진행합니다. 사진은 이랑뜨기 1단을 완성한 모습이에요. 겉면을 봤을 때 사슬머리 아래 부분에 가로선이 생긴 것을 확인할 수 있습니다.

tip

이랑뜨기는 2코 늘리기, 2코 줄이기, 긴뜨기, 한길긴뜨기 등 다른 뜨개법에도 무궁무진하게 활용할 수 있습니다.

이랑뜨기 표기   앞이랑뜨기 표기

앞이랑뜨기 *front loop only*

모자의 챙과 같이 바깥쪽으로 꺾이거나 새 실을 걸어 이중으로 떠야할 때 사용합니다. 앞이랑뜨기는 이랑뜨기와 반대로 바늘을 앞쪽 반코에 걸어 뜨는 방식이에요. 이랑뜨기와 마찬가지로 다양한 뜨개법에 활용할 수 있으니 참고하세요.

❶ 색칠한 부분이 바늘을 끼울 위치입니다.

❷ 표시한 아랫단 코의 앞쪽 반코에 바늘을 끼웁니다.

❸ 바늘에 실을 감은 뒤 첫 번째 고리 사이로 빼줍니다.

❹ 바늘에 실을 한 번 더 감은 뒤 2개의 고리 사이로 모두 빼주면 앞이랑뜨기 1코가 완성됩니다.

❺ ❶~❹ 과정을 반복해 필요한 만큼 앞이랑뜨기를 진행합니다. 사진은 이랑뜨기 1단을 완성한 모습이에요. 겉면을 봤을 때는 짧은뜨기와 동일한 형태이지만 안쪽 면을 봤을 때에는 코 아래 부분에 가로선이 생긴 것을 확인할 수 있어요.

짧은뜨기로 2코 늘리기 *single crochet increase by 1*

단이 진행될수록 인형의 전체 면적이 넓어질 수 있도록 코의 수를 늘리는 뜨개법입니다. 동일한 코에 짧은뜨기를 2번 반복해 1개의 코를 2개로 늘릴 수 있습니다.

❶ 짧은뜨기를 1코 진행합니다.

❷ 같은 코에 한 번 더 바늘을 끼운 뒤 짧은뜨기를 1회 더 진행합니다.

❸ 짧은뜨기 4코 진행 후, 짧은뜨기로 2코 늘리기를 1코 완성한 모습이에요. 마지막에 1코가 늘어난 상태인 것을 확인할 수 있어요.

짧은뜨기로 2코 줄이기 *single crochet 2 together*

아랫단의 2코를 1코로 줄이는 방법입니다. 일반적인 줄이기 방법과 빈틈없이 탄탄하게 짜여 인형 뜨개에 더 적합한 줄이기 방법을 각각 소개하니 두 방법 모두 연습해 보세요.

》 일반적인 줄이기

❶ 아랫단 코에 바늘을 끼웁니다.

❷ 바늘에 실을 감은 뒤 바늘을 코 사이로 빼 고리를 만듭니다. 이때 바늘에 걸린 고리의 개수는 2개입니다.

❸ 다음 코에 바늘을 끼웁니다. 바늘에 실을 감은 뒤 바늘을 코 사이로 빼 고리를 1개 더 만듭니다. 이때 바늘에 걸린 고리의 개수는 3개입니다.

④ 바늘에 실을 감은 뒤 바늘을 3개 고리 사이로 모두 빼줍니다.

⑤ 짧은뜨기 4코 진행 후, 일반적인 짧은뜨기로 2코 줄이기를 1코 완성한 모습이에요. 마지막에 1코가 줄어든 상태인 것을 확인할 수 있어요.

» 인형 뜨개에 적합한 줄이기

① 아랫단 코의 앞쪽 반코에 바늘을 끼웁니다.

② 다음 코의 앞쪽 반코에 동일한 방식으로 바늘을 끼웁니다. 바늘에 실을 감은 뒤 앞의 2개 고리 사이로 바늘을 빼줍니다. 이때 바늘에 걸린 고리의 개수는 2개입니다.

③ 바늘에 실을 한 번 더 감은 뒤 바늘을 2개의 고리 사이로 모두 빼줍니다.

④ 짧은뜨기 4코 진행 후, 인형 뜨개에 더 적합한 짧은뜨기로 2코 줄이기를 1코 완성한 모습이에요. 더 촘촘하게 1코가 줄어든 상태인 것을 확인할 수 있습니다.

뒤걸어짧은뜨기 *back post single crochet*

꺾인 면이 직각이 되어 바닥과 옆면을 확실히 구분해야 할 때 사용합니다.

① 바늘을 코기둥 뒤쪽에 끼웁니다.

② 바늘에 실을 감은 뒤 바늘을 코기둥 사이로 빼 고리를 만듭니다. 이때 바늘에 걸린 고리의 개수는 2개입니다.

③ 바늘에 실을 한 번 더 감은 뒤 바늘을 2개 고리 사이로 모두 빼주면 뒤걸어짧은뜨기 1코가 완성됩니다.

④ ①~③ 과정을 반복해 필요한 만큼 뒤걸어짧은뜨기를 진행합니다. 사진은 뒤걸어짧은뜨기 1단을 완성한 모습이에요.

tip

코기둥 : 각 단의 높이가 되는 부분을 말해요.
사진은 각각 짧은뜨기, 긴뜨기, 한길긴뜨기에서의 코기둥을 표시한 모습이에요.

짧은뜨기

긴뜨기

한길긴뜨기

빼뜨기 *slip stitch*

빼뜨기는 원형뜨기에서 마지막 코와 첫 번째 코를 연결할 때, 혹은 뜨개 진행 중 코 자리를 이동하거나 가장자리를 단단하게 고정할 때 사용합니다. 빼뜨기는 콧수에 포함되지 않으니 전체 콧수를 계산할 때 주의하세요.

» 코 연결을 위한 빼뜨기

① 마지막 코와 첫 번째 코를 연결할 때입니다.

② 첫 번째 코에 바늘을 끼웁니다.

③ 바늘에 실을 감은 뒤 바늘을 뒤쪽 고리 끝까지 모두 빼줍니다.

④ 코 연결을 위한 빼뜨기를 완성한 모습이에요.

» 코 이동을 위한 빼뜨기

① 뜨개를 이어갈 코에 바늘을 끼웁니다.

② 바늘에 실을 감은 뒤 바늘을 뒤쪽 고리 끝까지 모두 빼줍니다.

③ 빼뜨기로 5코 이동한 모습이에요.

긴뜨기 *half double crochet*

짧은뜨기보다 코기둥이 2배 더 길기 때문에 빠르게 넓은 면을 만들어 낼 수 있는 뜨개법입니다. 다만, 길이가 긴 만큼 짜임이 벌어져 솜이 빠져나올 수 있기 때문에 주로 옷이나 소품을 만들 때 활용해요.

1 바늘에 실을 감습니다.

2 다음 코에 바늘을 끼웁니다.

3 바늘에 실을 감은 뒤 바늘을 코 사이로 뺍니다. 이때 바늘에 걸린 고리의 개수는 3개입니다.

4 바늘에 실을 감은 뒤 바늘을 3개의 고리 사이로 모두 빼주면 긴뜨기 1코가 완성됩니다.

5 **1**~**4** 과정을 반복해 필요한 만큼 긴뜨기를 진행합니다. 왼쪽 사진은 긴뜨기 5코를 진행한 모습이고, 오른쪽 사진은 긴뜨기 1단을 완성한 모습이에요.

한길긴뜨기 *double crochet*

코기둥의 길이가 짧은뜨기보다 3배 더 긴 뜨개법입니다. 길이가 긴 만큼 편물이 부드럽기 때문에 한길긴뜨기 역시 옷이나 소품을 만들 때 더 적합해요.

① 바늘에 실을 감습니다.

② 다음 코에 바늘을 끼웁니다.

③ 바늘에 실을 감은 뒤 바늘을 코 사이로 빼 줍니다. 이때 바늘에 걸린 고리의 개수는 3개입니다.

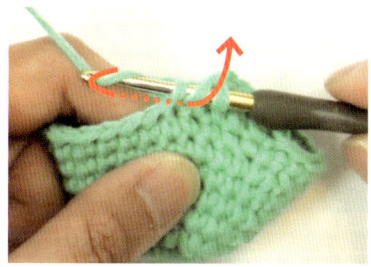

④ 바늘에 실을 감은 뒤 바늘을 앞 2개 고리 사이로 빼줍니다. 이때 바늘에 걸린 고리의 개수는 총 2개입니다.

⑤ 바늘에 실을 한 번 더 감은 뒤 바늘을 2개의 고리 사이로 모두 빼주면 한길긴뜨기 1코가 완성됩니다.

⑥ ①~⑤ 과정을 반복해 필요한 만큼 한길긴뜨기를 진행합니다. 왼쪽 사진은 한길긴뜨기 5코를 진행한 모습이고, 오른쪽 사진은 한길긴뜨기 1단을 완성한 모습이에요.

한길긴뜨기로 2코 늘리기 *double crochet increase by 1*

코를 늘려 인형의 면적을 더 넓게 만들기 위한 뜨개법입니다. 짧은뜨기로 2코 늘리기와 마찬가지로 동일한 코에 한길긴뜨기를 2번 반복해 1개의 코를 2개로 늘릴 수 있습니다.

① 한길긴뜨기를 1코 뜹니다.

② 같은 코에 한 번 더 바늘을 끼운 뒤 한길긴뜨기를 1회 더 진행합니다.

③ 한길긴뜨기 4코 진행 후, 한길긴뜨기로 2코 늘리기를 1코 완성한 모습이에요. 마지막에 1코가 늘어난 상태인 것을 확인할 수 있어요.

한길긴뜨기로 2코 줄이기 *double crochet 2 together*

한길긴뜨기를 이용해 아랫단의 2코를 1코로 줄이는 뜨개법입니다.

❶ 바늘에 실을 감습니다.

❷ 다음 코에 바늘을 끼웁니다.

❸ 바늘에 실을 감은 뒤 바늘을 코 사이로 빼 줍니다. 이때 바늘에 걸린 고리의 개수는 3개입니다.

❹ 바늘에 실을 감은 뒤 바늘을 앞 2개 고리 사이로 빼 줍니다. 이때 바늘에 걸린 고리의 개수는 2개입니다.

❺ 바늘에 실을 한 번 더 감습니다.

❻ 다음 코에 바늘을 끼우고 실을 한 번 더 감은 뒤 바늘을 코 사이로 빼 줍니다. 이때 바늘에 걸린 고리의 개수는 4개입니다.

7 바늘에 실을 감은 뒤 앞 2개 고리 사이로 빼 줍니다.

8 바늘에 실을 한 번 더 감은 뒤 바늘을 3개의 고리 사이로 모두 빼 줍니다.

9 한길긴뜨기 4코 진행 후, 한길긴뜨기로 2코 줄이기를 1코 완성한 모습입니다. 아랫단보다 1코가 줄어든 상태인 것을 확인할 수 있어요.

조개무늬뜨기 *5 double crochet shell*

한길긴뜨기를 활용해 마치 부채를 펼친 듯한 모양을 만드는 뜨개법입니다. 조개모양과 비슷해서 조개무늬뜨기라는 이름이 붙여졌어요. 책에서는 주로 편물 끝단을 장식해 일렁이는 치맛단이나 앞머리를 표현하는 데 사용했습니다.

1 짧은뜨기를 1회 진행한 뒤 바늘에 실을 감아 줍니다.

2 2코를 건너 뜨고 세 번째 코에 바늘을 끼운 뒤 한길긴뜨기를 진행합니다. 사진은 한길긴뜨기를 1회 완성한 모습이에요.

③ 동일한 코에서 한길긴뜨기를 4회 더 반복합니다. 사진은 차례대로 한길긴뜨기를 2회, 3회, 4회, 5회 반복한 모습이에요.

④ 2코를 건너 뜨고 시작코에서 일곱 번째 코에 바늘을 끼운 뒤 짧은뜨기를 1회 진행합니다. 조개무늬뜨기의 앞뒤 코는 모두 짧은뜨기로 고정해 주세요.

⑤ ❶~❹ 과정을 반복해 필요한 만큼 조개무늬뜨기를 진행합니다. 위 사진은 조개무늬뜨기 1단을 완성한 모습이에요.

○ 형태 뜨개 ○

평면뜨기

코바늘에서 가장 기본이 되는 뜨개 방법입니다. 원하는 길이만큼 사슬뜨기를 한 뒤 매 단마다 진행 방향을 바꿔 짜임을 올립니다. 평평한 면을 만들 때 주로 사용하며 책에서는 리본이나 목도리 만들기, 크로보의 얼굴을 만들 때 활용합니다.

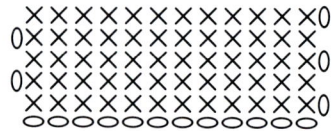

① 사슬뜨기를 10코 뜹니다. 이 짜임은 바닥사슬의 역할을 해요.

② 사슬뜨기를 1코 더 뜹니다. 이 코는 다음 단의 기둥 역할을 해 기둥사슬(O)이라 부르며 콧수에 포함되지 않습니다. 전체 콧수를 계산할 때 유의하세요.

③ 바닥사슬의 사슬산에 바늘을 끼우고 짧은뜨기(X)를 뜹니다.

④ 짧은뜨기를 10코 진행해 평면뜨기 1단을 완성합니다.

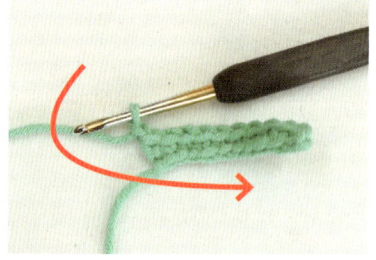

⑤ 사슬뜨기를 1코 떠 2단의 기둥사슬을 만든 뒤 편물의 방향을 바꿔 주세요.

⑥ 아랫단 코에 바늘을 끼우고 짧은뜨기(X)를 진행합니다. 사진은 평면뜨기 2단에서 짧은뜨기 5코를 만든 모습이에요.

⑦ 사진은 평면뜨기를 5단 완성한 모습이에요. 편물의 겉과 안이 교차돼 독특한 무늬가 만들어진 것을 확인할 수 있어요.

원형뜨기

바닥이 막힌 주머니 형태로, 인형 뜨개에 가장 자주 사용하는 방법입니다. 가장 중요한 뜨개법이라 할 수 있으니 연습을 통해 꼼꼼히 익혀 두세요.

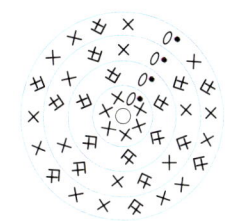

» 시작코 만들기

① 왼손 검지에 실을 두 번 감습니다. 진행실은 약지로 잡아 고정합니다.

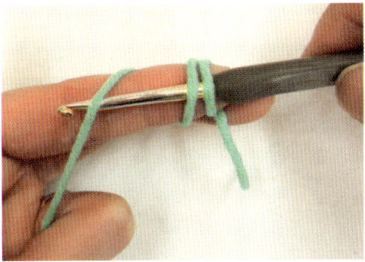

② 바늘을 원형 링 안쪽에 끼웁니다.

③ 바늘에 실을 감은 뒤 2개 원형 링 바깥쪽으로 빼 고리를 만듭니다.

④ 바늘에 실을 한 번 더 감은 뒤 고리 사이로 뺍니다.

⑤ 원형뜨기를 위한 시작코를 완성했습니다.

» 원형뜨기 1단

⑥ 완성된 고리를 오른손으로 잡은 뒤 원형 링이 풀어지지 않도록 왼손을 조심스럽게 뺍니다.

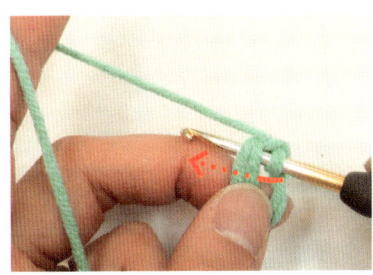

⑦ 원형 링을 왼손으로 잡고 바늘을 원형 링 사이로 넣어 줍니다.

⑧ 바늘에 실을 감은 뒤 원형 링 사이로 뺍니다.

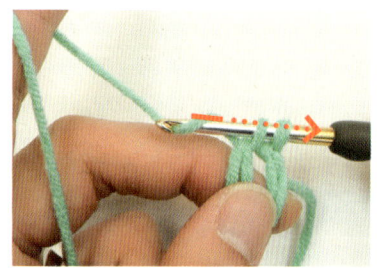

9 바늘에 실을 한 번 더 감은 뒤 2개의 고리 사이로 모두 빼 주면 짧은뜨기 1코가 완성됩니다.

10 **7**~**9** 과정을 6번 반복해 짧은뜨기 6코를 만듭니다.

꼬리실

11 바늘이 걸린 고리를 길게 빼 쉽게 풀리지 않도록 합니다. 짧은뜨기한 부분을 잡고 꼬리실을 조심스레 잡아당겨 원형 링의 2가닥 실 중 움직이는 실이 무엇인지 확인합니다.

12 움직이는 실을 잡고 나머지 실이 보이지 않을 때까지 잡아당깁니다.

13 다시 꼬리실을 잡고 원형 링이 사라질 때까지 잡아당겨 주세요.

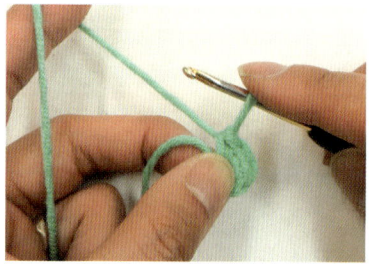

14 쉬고 있던 길게 빼둔 고리에 다시 바늘을 끼웁니다.

15 첫 코에 바늘을 끼웁니다.

16 바늘에 실을 감고 고리 사이로 빼 줍니다. 첫 코에 빼뜨기(●)해 마무리하는 과정이에요.

17 원형뜨기 1단을 완성했습니다.

» 원형뜨기 2단

tip

원형뜨기에서 첫 코 찾기
아랫단 빼뜨기 자리와 기둥사슬은 콧수에 포함하지 않으니 짧은뜨기 하지 않도록 주의하세요.

⑱ 2단을 시작하기 전 기둥으로 삼을 사슬뜨기를 1코 뜹니다. 이 코는 원형뜨기 2단의 기둥사슬(0)이 됩니다.

⑲ 첫 코에 바늘을 끼우고 짧은뜨기로 2코 늘리기(✖)를 뜹니다.

⑳ 각 코에서 모두 진행해 총 12코를 만듭니다.

㉑ 첫 코에 바늘을 끼우고 빼뜨기해 2단을 완성합니다.

㉒ 사진은 원형뜨기 5단을 완성한 모습이에요.

타원뜨기

바닥사슬을 사슬산과 사슬머리로 나눠 짧은뜨기로 둘레를 두른 뒤 빼뜨기로 연결해 타원 모양을 만드는 뜨개법입니다. 시작만 다를 뿐 나머지는 원형뜨기와 동일하니 어렵게 생각할 필요 없어요. 인형의 신발이나 가방 바닥을 뜰 때 주로 사용하는 방법으로 책에서는 빵빵이 머리와 납작군 신발 뜨기에 활용했습니다.

① 사슬뜨기를 6코 진행해 바닥사슬을 준비합니다.

② 사슬뜨기를 1코 더 떠 기둥사슬(O)을 만듭니다.

③ 사슬산에 바늘을 끼우고 짧은뜨기(X)를 진행합니다.

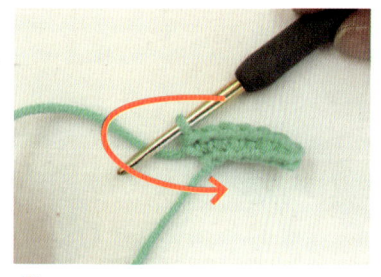

④ 짧은뜨기를 5코 떠 준 뒤 마지막 여섯 번째 코에서 짧은뜨기로 2코 늘리기(⊗)를 진행하세요. 그 다음, 편물을 시계 반대 방향으로 돌려 줍니다.

⑤ 편물을 돌려 놓은 상태에서 사슬머리에 바늘을 끼운 뒤 다음 코를 진행합니다.

⑥ 사슬머리에서 짧은뜨기(X) 5코, 짧은뜨기로 2코늘리기(⊗)를 1코 진행한 모습입니다.

⑦ 원형뜨기와 동일하게 첫 코에서 빼뜨기(•)를 진행해 마지막 코와 연결합니다.

⑧ 타원뜨기를 1단 완성한 모습이에요. 2단부터는 원형뜨기 2단과 동일하니 참고하세요.

⑨ 사진은 도안대로 타원뜨기 3단을 완성한 모습이에요.

원통뜨기

위아래가 뚫린 원기둥 모양을 만들 때 사용합니다. 책에서는 납작커플의 바지와 채식사자 잭의 갈기를 만들 때 사용했습니다.

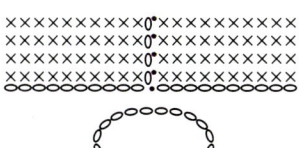

❶ 사슬뜨기를 20코 진행해 바닥사슬을 준비합니다.

❷ 첫 코에 바늘을 끼운 뒤 빼뜨기(●)해 바닥사슬을 원형으로 만듭니다.

❸ 사슬뜨기를 1코 떠 기둥사슬(O)을 만듭니다.

❹ 표시한 사슬 반코에 바늘을 끼운 뒤 짧은뜨기(✕)를 20코 진행합니다. 사진은 짧은뜨기를 5코 진행한 모습이에요.

❺ 마지막 짧은뜨기를 끝낸 후 첫 코에 빼뜨기해 1단을 완성합니다.

❻ ❸~❺ 과정을 반복해 필요한 만큼 타원뜨기를 진행합니다. 사진은 원통뜨기를 2단 완성한 모습이에요.

TIP

실 색 바꿔 잇기

실의 색을 바꿀 때 사용하는 방법입니다.
뜨개를 계속 이어가기에 실이 모자르거나 실이 끊어졌을 때에도 활용할 수 있으니 참고하세요.

① 단 마지막 코를 마무리하기 전 바늘에 고리가 2개 걸려있는 상태에서 진행합니다.

② 진행실을 편물 뒤쪽으로 보내 새로 연결할 실과 함께 나란히 놓습니다.

③ 왼손 중지로 편물과 2가닥의 실을 함께 잡아 고정한 뒤 새 실을 왼손 검지에 걸어 진행실로 삼습니다.

④ 새 실을 바늘에 감은 뒤 2개의 고리 사이로 빼 마지막 코를 완성합니다.

⑤ 새 실로 빼뜨기해 단을 완전히 마무리합니다.

⑥ 새로운 단을 시작하기 전 새 실로 기둥사슬을 만듭니다.

❼ 남겨진 기존 실을 매듭짓지 않고 새 실과 같이 4코 가량 함께 뜹니다.

❽ 새 실로만 4코를 더 진행한 뒤 길게 남아 있던 기존 실은 깔끔하게 잘라 정리합니다.

❾ 실을 바꾼 뒤 뜨개를 이어가 1단을 완성한 모습이에요.

tip

남겨진 실과 함께 짧은뜨기 4코를 진행한 편물의 안과 겉의 모습이에요. 겉에서는 기존 실이 보이지 않아요.

[안] [겉]

실 자르고 마무리하기

뜨개법과 상관없이 모든 뜨개를 마무리할 때 기본적으로 사용하는 방법입니다.
귀나 팔, 볼터치 등 편물의 조각을 마무리할 때 실이 풀리지 않도록 매듭짓는 방법이에요.

① 뜨개가 끝나면 바늘을 빼지 않은 상태에서 실을 여유 있게 자릅니다. 자른 실을 다시 한 번 바늘에 감아 주세요.

② 실이 감긴 바늘을 고리 사이로 완전히 빼냅니다. 바늘을 빼내고 실도 끝까지 빼 주세요.

③ 매듭이 풀리지 않도록 실을 단단히 잡아당긴 뒤 짧게 잘라 마무리합니다. *tip* 편물을 조립해야 할 땐 실을 자르지 않고 유지합니다.

실 숨기기

안쪽 면이 개방되거나 솜을 넣지 않고 마무리할 때 길게 남은 실을 깔끔하게 정리하기 위해 사용하는 방법입니다.
책에서는 곰신부의 치맛단이나 따숩군 등 다양한 작품에서 활용하니 충분히 익혀 두세요.

① 실 자르고 마무리하기를 진행한 뒤 남은 실을 돗바늘에 꿰어 안쪽 뜨개 사이로 숨겨 줍니다.

② 약 3단 정도를 지나 돗바늘을 빼 낸 뒤 실을 짧게 잘라 깔끔하게 마무리합니다.

솜 채우기

솜은 서로 뭉치기 쉽기 때문에 조금씩 뜯어 넣어 인형의 모양을 잡아놓은 뒤 속을 채워야 합니다.
빵빵한 인형을 만들려다 자칫 솜을 너무 많이 넣어 짜임이 늘어나지 않도록 주의하세요.

① 겸자를 이용해 솜을 조금씩 뜯어 인형의 1/3 정도를 채워 넣습니다.

② 손가락을 이용해 안쪽의 솜을 가장자리로 밀면서 인형의 모양을 잡아 줍니다. 다시 겸자를 이용해 솜을 빵빵하게 채워 넣는 과정을 반복해 인형 모양을 완성해 주세요.

돗바늘 마무리하기

원형뜨기 후 끝을 오므려 마무리할 때 사용하는 방법입니다.
인형의 머리나 몸통을 마무리할 때 자주 사용되니 충분히 연습해 주세요.

① 앞에서 배운 <실 자르고 마무리하기>에서 실을 길게 남긴 상태에서 진행합니다. 돗바늘에 길게 남은 실을 꿰어 주세요.

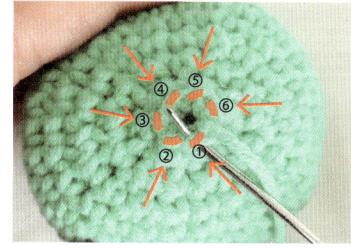

② 마지막 단 앞쪽 반 코에 바늘을 끼우고 바깥에서 중심으로 첫 번째 코부터 차례대로 총 6코 바느질합니다.

③ 바느질을 마친 뒤 구멍이 없어질 때까지 실을 당깁니다.

④ 바늘을 가운데 구멍에 끼운 뒤 완전히 통과시켜 반대쪽으로 빼냅니다.

⑤ 반대쪽에 튀어나온 실은 핀셋을 이용해 몸통 속으로 숨겨 마무리합니다.

바느질로 연결하기

코바늘로 짜여 진 편물은 일반적인 원단에 비해 표면이 울퉁불퉁하기 때문에 예쁘게 바느질하기 힘듭니다.
인형의 각 부분을 조립할 때 더 예쁘고 고르게 바느질할 수 있는 방법을 알려 드릴 테니 충분히 익혀 두세요.

직선 바느질 중간 굵기의 돗바늘을 사용하며 인형 뜨기에 사용했던 것과 동일한 실로 바느질합니다.
코와 코 사이, 단과 단 사이를 균일한 간격으로 바느질하면 깔끔한 모양을 완성할 수 있어요.

① 홈질
주로 장식용으로 사용하는 바느질입니다. 코와 코 사이, 단과 단 사이를 균일한 간격으로 떠 주세요.

» 코와 코 사이

» 단과 단 사이

② 감침질
바느질한 실이 겉으로 드러나는 방법입니다. 주로 팔이나 귀를 연결할 때 사용해요.

» 가장자리에서의 감침질

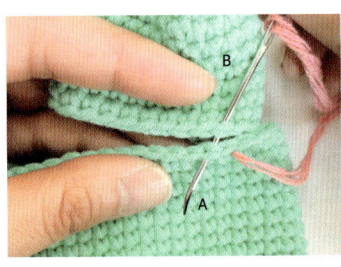

A의 끝단 안쪽에서 바깥쪽으로 바늘을 빼 B의 끝단 바깥쪽에서 안쪽으로 뜹니다.
A, B 각 편물을 번갈아가며 바느질해 연결해 주세요.

» 바깥 가로면에 감침질 : 팔 연결

두 편물의 코와 코 사이를 한 땀씩 바느질합니다.

» 바깥 세로면에 감침질 : 귀 연결

두 편물의 단과 단 사이를 한 땀씩 바느질합니다.

③ 공그르기

바느질한 자리가 겉으로 드러나지 않고 감침질보다 단단하게 연결할 수 있습니다.
주로 몸통과 얼굴을 연결할 때 사용해요.

① 두 편물의 각 끝단의 코와 코 사이에 바늘을 넣어 줍니다.
② 반대쪽 편물에도 같은 방법으로 바늘을 넣어 줍니다.
③ 서너 번 반복합니다.

④ 바느질한 실이 안 보일 때까지 당겨 줍니다.
⑤ 사진은 공그르기로 두 편물을 연결한 모습이에요.

곡선 바느질 얇고 섬세한 돗바늘을 사용합니다. 인형 뜨개에서 사용한 것과 비슷한 색감의 재봉용 실이나 편물에 사용된 실을 2가닥으로 가른 뒤 한쪽 실을 섬세한 돗바늘에 꿰어 바느질에 이용합니다. 주로 주둥이나 볼터치 등 둥그런 편물을 연결할 때 활용해요.

1. 모양이 일그러지지 않도록 수성 펜을 이용해 연결할 편물의 위치를 그립니다.
2. 2가닥으로 나눈 실 중 1가닥의 실은 편물 아래에 숨기고 남은 1가닥의 실을 돗바늘에 꿰어 밑그림을 따라 코 가운데 부분을 떠 바느질합니다.
3. 곡선 바느질을 완성한 모습이에요.

바느질을 쉴 때

뜨개 중간 솜을 넣거나 잠시 바느질을 쉬어야 하는 상황에서 바늘을 꽂아둔 채 놔두면 바늘이 빠져 올이 풀릴 위험이 있어요. 간단하지만 올 풀림을 방지할 수 있는 팁을 알려드립니다.

1. 코를 완전히 마무리한 상태에서 진행합니다.
2. 바늘에 걸려 있는 코를 길게 빼낸 뒤 바늘도 빼 주세요. 혹시 진행실이 당겨지더라도 올이 풀리는 것을 방지할 수 있어요.

크기 다르게 인형 뜨기

실과 바늘의 굵기를 조절하면 같은 도안으로도 크기가 다양한 인형을 완성할 수 있습니다.

① 실 : 로미오 2겹
　바늘 : 모사용 코바늘 7호

② 실 : 로미오 1겹
　바늘 : 모사용 코바늘 5호

③ 실 : 줄리엣 1겹
　바늘 : 모사용 코바늘 3호

사진은 엉뚱곰의 도안을 활용해 각각 바늘과 실을 다르게 사용해 완성한 모습이에요. 실과 바늘이 굵어질수록 인형의 크기도 커지고 편물의 짜임도 더욱 넓어지는 것을 확인할 수 있어요. 책에서는 모든 인형을 뜰 때 모사용 코바늘 5호에 로미오 실 1겹을 페어 사용했으니 참고해 주세요.

Q & A

Q1 인형 뜨개를 위한 실이 따로 있나요?

바늘의 굵기와 실을 잘 맞춰 사용하면 어떤 실이든 상관없이 인형을 만들 수 있습니다. 재료에 구애받지 말고 자유롭게 실을 선택해 나만의 인형을 만들어 보세요. 동일한 도안으로도 독특한 느낌의 새로운 인형을 완성할 수 있을 거예요. 바늘과 실의 굵기 선택은 25페이지에 소개해 두었으니 참고하세요.

Q2 명칭이 너무 헷갈려요.

코바늘이 처음인 초보자라면 처음 접한 명칭이 헷갈리기 마련이에요. 하지만 하나씩 찬찬히 살펴보다 보면 왜 이 짜임에 이런 이름이 붙었는지 쉽게 이해할 수 있을 거예요. 사진에 각 짜임의 모습과 명칭을 표시해 두었으니 본격적인 인형뜨기에 들어가기 전 확실히 익혀둡시다.

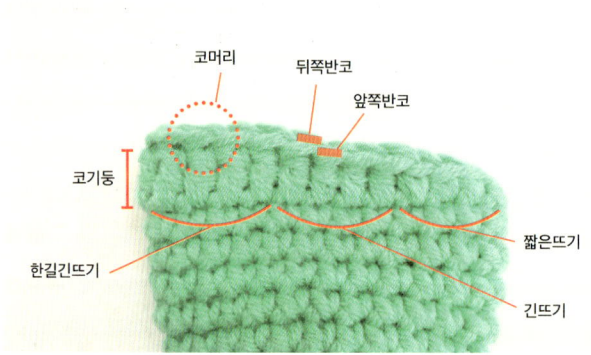

Q3 빼뜨기(•)와 기둥사슬(0) 세우기는 꼭 해야 하나요?

빼뜨기나 기둥사슬 세우기 없이 돌려뜨기해도 작품을 완성하는 데는 문제없지만 완성도에서 큰 차이가 있습니다. 이 둘을 빠짐없이 진행하면 단이 끝나는 지점이 명확해 단 수를 세기에 편리할 뿐만 아니라 실의 색상을 바꾸어 진행했을 때 단차가 생기지 않아 훨씬 완성도 높은 인형을 만들 수 있어요. 아래 사진을 보며 그 차이를 확인해보세요.

Q4 빼뜨기한 부분이 자꾸 사선으로 휘어요. 어떻게 해야 하나요?

뜨개질을 하다보면 코를 만들 때 자연스레 오른손잡이는 오른쪽으로, 왼손잡이는 왼쪽으로 실을 당기게 됩니다. 이를 신경 쓰지 않고 원형뜨기를 진행하다 보면 어느새 코가 모두 힘을 받는 방향으로 기울어져요. 이를 방지하기 위해서는 바늘에 걸린 실을 뺄 때 위쪽으로 당겨야 합니다. 이 방법만으로도 코가 틀어지는 현상을 방지하고 더 균일한 짜임을 완성할 수 있습니다.

◦ **왼쪽** : 코가 오른쪽으로 휘어진 모습
◦ **오른쪽** : 코가 균일하게 올라간 모습

실을 뺄 때 의식적으로 위쪽 방향으로 당겨주세요.
더 완성도 높은 인형을 만들 수 있습니다.

Q5 촘촘하게 뜨는 방법이 궁금해요.

예쁜 인형을 완성하기 위해서는 무엇보다 촘촘하고 균일하게 뜨개질하는 것이 중요합니다. 코가 만들어지는 과정과 원리를 파악하면 더 예쁘게 인형뜨기를 완성할 수 있어요. 짧은뜨기를 통해 자세히 설명할 테니 함께 살펴봅시다.

》 코가 고르지 않은 원인

 »  »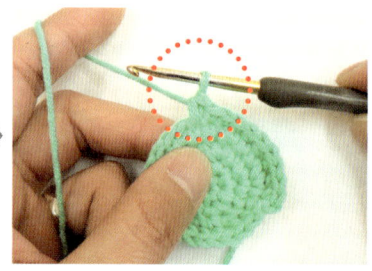

짧은뜨기를 진행할 때 바늘에 걸린 고리 2개 중 앞쪽은 코기둥, 뒤쪽은 코머리가 됩니다.

따라서 앞쪽 고리만 당겨지고 뒤쪽 고리가 느슨한 경우에는 사슬머리가 늘어져 짜임에 구멍이 생깁니다.

반대로 앞쪽 고리가 느슨하고 뒤쪽 고리만 당겨졌을 때는 코 높이가 달라 편물이 고르지 않아요.

》 고르고 촘촘하게 뜨는 법

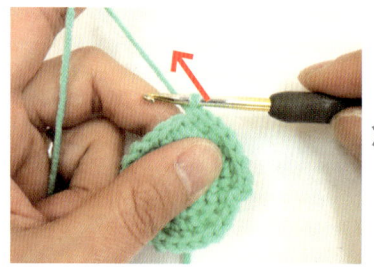 »  »

짜임 중간 실을 올바른 방향으로 적절히 당겨주면 더욱 탄탄한 짜임이 완성됩니다. 짧은뜨기 시작 전 바늘에 고리가 1개 걸려 있을 때 왼손 검지로 실을 화살표 방향으로 당깁니다.

아랫단 코에 바늘을 넣은 상태에서 실을 한 번 더 당겨 줍니다.

실이 감긴 바늘을 고리 사이로 빼 2개의 고리가 완성됐을 때 다시 한 번 실을 당겨 주세요. 이렇게 뜨개를 계속하다 보면 훨씬 완성도 있는 작품을 만들 수 있을 거예요.

Q6 편물의 겉면과 안쪽 면을 구분해야 하나요?

평면뜨기의 경우 뜨개 방향이 매 단 바뀌기 때문에 안과 겉면이 번갈아 드러나 그 둘을 구분하는 것이 의미없습니다. 하지만 원형뜨기와 타원뜨기, 원통뜨기는 뜨개 방향이 일정하게 진행되기 때문에 편물의 안과 겉의 모양이 확연히 다르게 나타나요. 책에서 가장 많이 사용하는 짧은뜨기(**X**)의 경우 겉면에는 알파벳V 모양이 나타나고, 안쪽 면에는 코 아래에 가로선이 나타나는 것을 확인할 수 있어요. 기호에 따라 본인이 원하는 면을 겉면으로 결정한 뒤 하나의 인형에서 동일하게 작업해 주세요.

짧은뜨기 [겉]

짧은뜨기 [안]

Q7 인형 세탁은 어떻게 하나요?

기본적으로는 사용한 실의 라벨에 적혀 있는 세탁법을 권장합니다. 울샴푸를 사용해 손으로 조물조물 빨아 거품이 나오지 않을 때까지 충분히 헹궈 줍니다. 인형의 모양이 망가지지 않도록 세탁망에 넣어 탈수해 주세요. 세탁을 모두 마쳤다면 인형 속의 솜까지 마르도록 바람이 잘 통하는 곳에서 충분히 말려 줍니다.

도안 읽기

처음 뜨개질을 시작하는 초보자는 물론, 뜨개질이 익숙한 사람도 도안을 읽다보면 단을 건너뛰거나 코를 놓치는 경우가 적지 않습니다. 책에서는 한눈에 구조를 파악할 수 있고 실수를 줄일 수 있는 도안을 직접 그려 활용했습니다. 그림 도안과 사진 설명도 함께 활용해 한 번 더 이해를 도왔으니 보다 쉽게 실수 없이 인형을 완성할 수 있을 거예요.

부위
현재 뜨고 있는 부분이 인형의 어느 부위에 해당하는지 표시합니다.

기둥사슬 및 빼뜨기
기둥사슬 세우기와 빼뜨기를 빠트리지 않도록 모두 표시해 두었습니다.

곱하기
괄호 안의 뜨개를 숫자만큼 반복한다는 뜻이에요.

발(양말) + 다리 • 46쪽 타원뜨기를 참고하세요.

[크림색]

	사슬뜨기 8	
1단 (18)	O (×7 ◇1)*2	•
2단 (24)	O ◇1 ×6 ◇3 ×6 ◇2	•
3단 (30)	O ×1 ◇1 ×6 (×1 ◇1)*3 ×6 (×1 ◇1)*2	•
4단 (30)	O ×30	•
5단 (24)	O ×6 (×1 ◇1)*6 ×6	•
6단 (18)	O ×6 ◇6 ×6	•
7~8단 (18)	O ×18	•

뜨개 횟수
표시된 뜨개법을 숫자만큼 반복해 주세요.

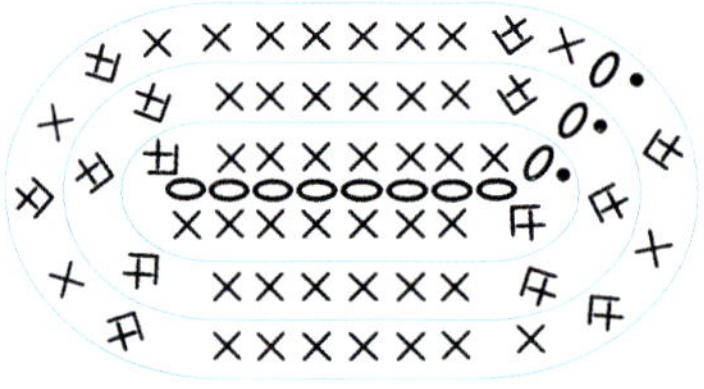

그림 도안
서술형 도안만으로 이해하기 어려운 경우 그림 도안을 함께 첨부해 이해를 한 번 더 도왔어요.

단 및 콧수
현재 뜨고 있는 단과 전체 콧수를 알려 줘요.
여러 단이 함께 표시된 경우 증감 없이 동일한 뜨개를 반복합니다.

색상
어떤 색실을 사용해 몇 단까지 떠야 하는지 한 눈에 파악할 수 있도록 했어요.

2

[크림색]	18단 (18)	0 ×18	•
	19-1단 (18)	0 x̄18	• (앞이랑뜨기를 놓치지마세요!)
	20-1단 (18)	0 ×18	•

마무리한 뒤 실을 짧게 자르고 편물 속에 숨겨 완성합니다.

[살색]

18단 첫 코 뒤쪽 반코에 실을 걸고 시작합니다.

19-2단 (18)	0 ×18	• (이랑뜨기를 놓치지마세요!)
20~46단 (18)	0 ×18	•

발끝 모양을 신경 쓰며 솜을 빵빵하게 채워 넣습니다.
163쪽 [다리 관절]을 참고해 솜을 채워 넣어 주세요.

[납작군 다리 시작]

이랑뜨기 단 읽기
이랑뜨기는 앞이나 뒤 반코에서 뜨개를 이어갑니다.
따라서 이랑뜨기를 진행하는 부분은 -1단으로,
남은 반코에 뜨개를 진행하는 부분은 -2단으로 표시했으니 유의하세요.

사진 설명
첫 코의 위치나 이랑뜨기의
시작점처럼 헷갈리기 쉬운 위치를
사진으로 설명했어요.

3

얼굴+머리꼭지

앞

- **눈** : 머리 맨 아랫단에서 위로 10단, 좌우 간격 8코
- **입** : 머리 맨 아랫단에서 위로 5~6단 사이, 13코 길이
- **이마 상처** : 머리 맨 윗단에서 아래로 3~5단
- **머리 꼭지** : 정수리 한가운데

위치 표시
인형의 표정이나 팔, 장식 단추 등 인형을 조립하고 꾸며줄 때
정확한 위치를 파악할 수 있도록 표시해 두었습니다.
정확한 위치는 완성 사진은 물론 사진 아래 캡션을 통해
확인할 수 있습니다.

LET'S PLAY

인형 친구들과
신 나 게
놀아볼까요

인형 뜨개 수업의 첫 번째 주인공인 엉뚱곰 형제를 소개합니다.
지금부터는 앞에서 배운 다양한 뜨개법을 활용해 인형 친구들을 한 명씩 완성해 나갈 거예요.
너무 겁먹지 마세요. 엉뚱곰과 함께 하다 보면 어느새 다양한 친구들을 척척 만들어 낼 수 있을 테니까요.
그럼 지금부터 엉뚱곰과 함께 즐거운 뜨개 산책을 떠나 볼까요?

엉뚱곰과 함께
뜨개 산책

01 | 엉뚱곰 (14cm)

실   갈색(60번) 50g
       연한베이지색(7번) 10g
       분홍색(20번) 100cm

바늘 모사용 코바늘 5호, 돗바늘, 일반 바늘

기타 콩단추(지름 5mm) 2개
       코 단추(지름 8mm) 1개
       바느질용 실

엉뚱곰

다리 [갈색]

1단	(6)	원형뜨기로 ×6 •
2단	(9)	0 (×1 ⚡1)*3 •
3단	(9)	0 ×9 •
4단	(12)	0 ×1 ⚡1 (×2 ⚡1)*2 ×1 •
5~6단	(12)	0 ×12 •

다리A의 실을 잘라 마무리한 뒤 1~6단을 반복해 다리B를 뜹니다.
다리B는 실을 자르지 않고 이어지는 다음 단과 연결해 진행해 주세요.

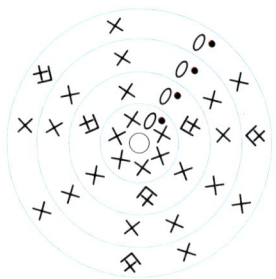

다리 + 몸통 [갈색]

7단	(36)	다리B에서 0 ×11 (마지막 1코는 남겨 주세요.)
		사슬뜨기 6
		다리A 두 번째 코에 사슬 연결 후 ×12
		사슬에서 ×6 (이랑뜨기를 놓치지 마세요!)
		다리B 남겨 둔 1 코에 ×1 •
8단	(36)	다리B에서 0 ×11
		사슬에서 ×6 (이랑뜨기를 놓치지 마세요!)
		다리A에서 ×19 •

TIP 다리 연결하기

 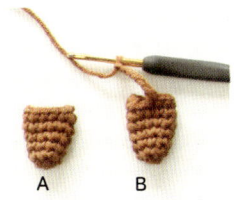 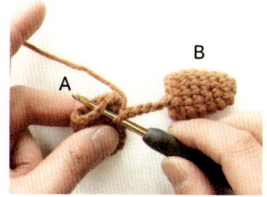 

① 6단까지 완성한 다리A의 실을 잘라 마무리한 뒤 다리B를 뜹니다.

② 다리B에서 짧은뜨기(X)를 11코 진행합니다. 마지막 1코는 남겨둔 상태에서 사슬뜨기(O)를 6코 뜹니다.

③ 다리A 두 번째 코에 사슬뜨기한 실을 건 뒤 짧은뜨기(X)를 12코 진행합니다.

④ 다리 사이 사슬로 돌아와 이랑뜨기(X)를 6코 진행합니다.

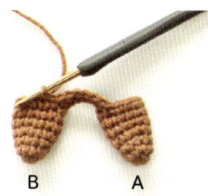  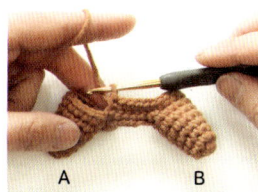 

⑤ ② 과정에서 다리B에 남겨둔 1코에 짧은뜨기(X)를 1코 뜬 후 빼뜨기(●)합니다. 7단의 전체 콧수는 36코입니다.

⑥ 다리B에서 짧은뜨기(X)를 11코 뜹니다.

⑦ 다리 사이 사슬에 이랑뜨기(X)를 6코 뜹니다.

⑧ 다리A에서 짧은뜨기(X)를 19코 뜹니다. 두 다리를 더욱 단단히 연결하였습니다. 8단의 전체 콧수는 36코입니다.

몸통

앞에서 연결한 두 다리에 이어 작업해 주세요.

[갈색]

9단 (42)	O	(×5 ✧1)*6 •
10~11단 (42)	O	×42 •
12단 (48)	O	×3 ✧1 (×6 ✧1)*5 ×3 •
13~16단 (48)	O	×48 •
17단 (45)	O	×7 ✧1 (×14 ✧1)*2 ×7 •
18~19단 (45)	O	×45 •
20단 (42)	O	(×13 ✧1)*3 •
21단 (42)	O	×42 •
22단 (39)	O	×6 ✧1 (×12 ✧1)*2 ×6 •
23단 (39)	O	×39 •
24단 (36)	O	(×11 ✧1)*3 •
25~30단 (36)	O	×36 •
31단 (30)	O	×2 ✧1 (×4 ✧1)*5 ×2 •

| 32단 (24) | 0 (×3 ◇1)*6 • |

솜을 채워 넣습니다.

| 33단 (18) | 0 ×1 ◇1 (×2 ◇1)*5 ×1 • |
| 34단 (12) | 0 (×1 ◇1)*6 • |

인형이 더욱 빵빵해지도록 솜을 보충해 주세요.

| 35단 (6) | 0 ◇6 • |

돗바늘 마무리를 합니다.

팔 [갈색]

1단 (6)	원형뜨기로 ×6 •
2단 (8)	0 (×2 ◇1)*2 •
3~10단 (8)	0 ×8 •

2/3정도 솜을 채워 넣고 마무리한 뒤 실을 40cm 남기고 자릅니다.
반대쪽도 동일한 방식으로 작업하세요.

귀 [갈색]

1단 (6)	원형뜨기로 ×6 •
2단 (12)	0 ◇6 •
3~4단 (12)	0 ×12 •

마무리한 뒤 실을 40cm 남기고 자릅니다.
반대쪽도 동일한 방식으로 작업하세요.

주둥이 [연한베이지색]

1단 (6)	원형뜨기로 ×6 •
2단 (12)	0 ◇6 •
3단 (12)	0 ×12 •

마무리한 뒤 실을 40cm 남기고 자릅니다.

꼬리 [갈색]

1단 (6)	원형뜨기로 ×6 •
2단 (8)	0 (×2 ◇1)*2 •
3단 (8)	0 ×8 •

마무리한 뒤 실을 40cm 남기고 자릅니다.

얼굴 + 귀

앞

- **귀** : 정수리에서 아래로 4~8단
- **주둥이** : 정수리에서 아래로 7~11단
- **눈** : 정수리에서 아래로 7~8단 사이, 주둥이에서 바깥쪽으로 1코
- **코** : 주둥이 맨윗단에서 아래로 2단
- **볼터치** : 눈에서 아래로 1단, 바깥쪽으로 1코

꼬리

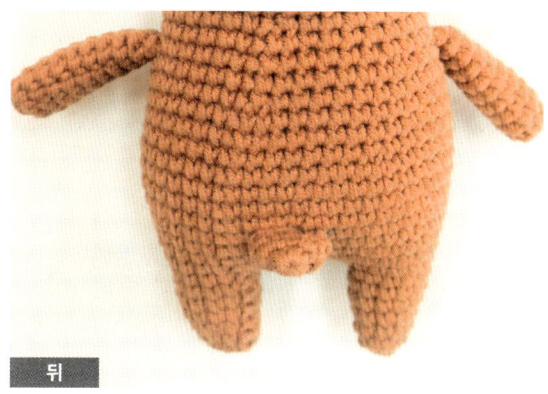

뒤

- **꼬리** : 발끝에서 위로 12~13단 사이

팔 + 가슴털

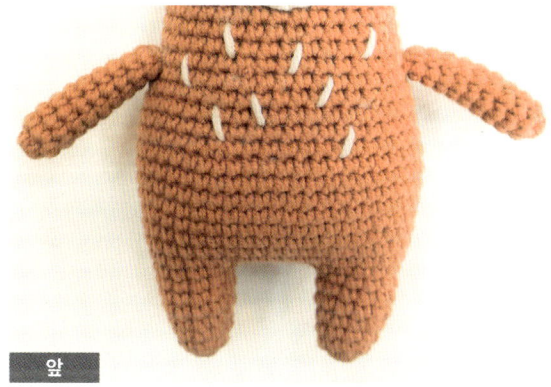

앞

- **팔** : 발끝에서 위로 21~22단 사이
- **가슴털** : 발끝에서 위로 17~23단 사이

» 몸통

① 솜을 채워 넣은 뒤 돗바늘에 길게 남긴 실을 꿰어 마무리합니다. 남은 실은 몸통 속에 숨겨 몸통을 완성해요. *tip* 51쪽 돗바늘 마무리를 참고하세요.

» 귀

② 귀 위치를 수성펜으로 표시합니다.

③ 귀를 반으로 접어 납작하게 만든 뒤 길게 남긴 실을 돗바늘에 꿰어 줍니다.

④ 정수리에서부터 몸통 쪽으로 내려오며 감침질합니다. 양쪽 귀 모두 동일하게 작업해 주세요. *tip* 53쪽 바깥 세로면에서 감침질을 참고하세요.

⑤ 남은 실은 등 뒤 동일한 코 사이로 빼낸 뒤 묶어 주고 한꺼번에 돗바늘에 꿰어 몸통으로 숨겨 마무리합니다.

» 주둥이

⑥ 주둥이 위치를 수성펜으로 표시합니다.

⑦ 남은 실을 2갈래로 나눠 주세요. 실1은 돗바늘에 꿰어 바느질에 사용하고 실2는 돌돌 말아 주둥이 안에 숨겨 줍니다.

⑧ 곡선 바느질로 고정합니다. 바느질을 2/3정도 진행했을 때 주둥이 안에 솜을 채워 넣고 다시 바느질을 이어가 단단히 고정해 주세요. *tip* 54쪽 곡선 바느질을 참고하세요.

» 팔

⑨ 팔 위치를 수성펜으로 표시합니다.

⑩ 돗바늘에 길게 남긴 실을 꿰어 줍니다.

⑪ 몸통 뒤에서 앞쪽으로 감침질합니다. 양쪽 팔 모두 동일하게 작업해 주세요. 남은 실은 귀 ⑤와 동일하게 정리해 주세요. *tip* 52쪽 바깥 가로면에서 감침질을 참고하세요.

» 꼬리

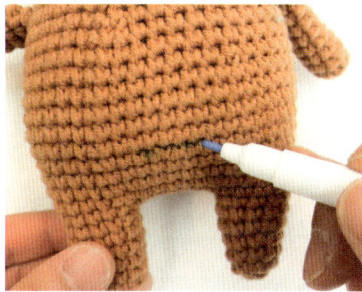 

⑫ 꼬리 위치를 수성펜으로 표시합니다.

⑬ 꼬리를 납작하게 만든 뒤 돗바늘에 길게 남긴 실을 꿰어 바느질해 엉뚱곰을 완성합니다.

》눈

14 눈 위치에 시침핀을 꽂습니다. 20cm로 재단한 바느질용 실에 지름 5mm 콩단추 1개를 끼워 준비해 주세요.

15 돗바늘에 단추를 끼운 실을 꿰어 주세요. 이때 실은 매듭짓지 않아요. 한쪽 시침핀 자리에 바늘을 넣고 반대쪽 시침핀 자리에서 뺍니다. 실 끝에 달린 콩단추가 고정될 때까지 실을 끝까지 당기세요.

16 꽂아두었던 시침핀을 모두 빼 주세요. 실에서 바늘을 빼고 실 1가닥에 나머지 콩단추 1개를 끼웁니다.

》입+코

17 콩단추의 뒤 꼭지가 몸통 속으로 들어갈 때까지 실을 당깁니다. 실을 매듭지은 뒤 2가닥의 실을 한꺼번에 바늘에 꿰어 몸통 속으로 숨겨 주세요.

18 일반 바늘에 바느질용 진한갈색실을 꿰어 매듭짓습니다. 바늘을 얼굴 뒤에서 찔러 넣은 뒤 주둥이 위쪽으로 뺍니다. 이때 바늘을 살짝 당겨 뒤에 남은 매듭을 몸통 속으로 숨겨 줍니다.

19 사진에 표시된 순서와 위치에 따라 엉뚱곰의 입을 수놓아 주세요.

» 볼터치

㉠ 수놓은 입 위쪽 끝에 코 단추를 달아 마무리합니다.

㉑ 돗바늘에 분홍색실을 꿰고 도톰하게 매듭짓습니다. 바늘을 얼굴 뒤에서 찔러 넣은 뒤 볼터치 위치에서 뺍니다.

㉒ 바늘을 살짝 당긴 뒤에 남은 매듭을 몸통 속으로 숨겨 줍니다.

㉓ 2코 바깥쪽에 바늘을 넣은 뒤 2코 안쪽 볼터치 시작점에서 다시 빼냅니다. 이 과정을 한 번 더 반복해 볼터치를 입체감 있게 만들어 주세요.

㉔ 바늘을 2코 바깥쪽에 다시 넣고 반대쪽 볼터치 위치에서 뺍니다.

㉕ 반대쪽 볼터치도 동일한 방식으로 수놓은 뒤 바늘을 몸통 뒤로 빼 주세요.

» 가슴 털

㉖ 길게 빼낸 실은 핀셋을 이용해 몸통 속으로 숨겨 마무리합니다.

㉗ 돗바늘에 연한베이지색 실을 꿰고 도톰하게 매듭짓습니다. 바늘을 몸통 뒤에서 찔러 넣은 뒤 가슴 털 위치에서 뺍니다.

㉘ 가슴 털의 위치를 자유롭게 정한 뒤 2단 길이로 한 땀씩 떠 주세요.

오늘은 오랜 연인이었던 엉뚱곰 커플이 드디어 결혼식을 올리는 날이에요!
하얀 원피스를 입은 어여쁜 곰신부와 멋진 나비넥타이를 맨 멋쟁이 곰신랑 모두 근사하지 않나요?
우리 다 같이 모여 예쁜 커플의 새로운 시작을 축하해 줍시다!

엉뚱곰 커플의
웨딩 파티에 초대합니다

02 | 곰신랑 (15cm)

실
- 갈색(60번) 25g
- 크림색(4번) 20g
- 연한베이지색(7번) 10g
- 진한회색(67번) 20g
- 연한분홍색(18번) 10g
- 연한회색(65번) 10g

바늘 모사용 코바늘 5호, 돗바늘, 일반 바늘

기타 콩단추(지름 5mm) 2개
코 단추(지름 8mm) 1개
멜빵 단추(지름 8mm) 2개
바느질용 실

03 | 곰신부 (15cm)

실
- 갈색(60번) 25g
- 크림색(4번) 30g
- 연한베이지색(7번) 10g
- 연한분홍색(18번) 10g

바늘 모사용 코바늘 5호, 돗바늘, 일반 바늘

기타 콩단추(지름 5mm) 2개
코 단추(지름 8mm) 1개
바느질용 실

| 곰신랑 |

다리 + 몸통 + 얼굴	[연한회색]	1단 (6)	원형뜨기로 ×6 •
		2단 (9)	0 (×1 ♦1)*3 •
		3단 (9)	0 ×9 •
	[진한회색]	4단 (12)	0 ×1 ♦1 (×2 ♦1)*2 ×1 •
		5~6단 (12)	0 ×12 •

다리A의 실을 잘라 마무리한 뒤 1~6단을 반복해 다리B를 뜹니다.

		7단 (36)	다리B에서 0 ×11 (마지막 1코는 남겨 주세요.)
			사슬뜨기 6
			다리A 두 번째 코에서 사슬 연결 후 ×12
			사슬에서 ×6 (이랑뜨기를 놓치지 마세요!)
			다리B 남겨 둔 1코에 ×1 •
		8단 (36)	다리B에서 0 ×11
			사슬에서 ×6 (이랑뜨기를 놓치지 마세요!)
			다리A에서 ×19 •
		9단 (42)	0 (×5 ♦1)*6 •
		10~11단 (42)	0 ×42 •
		12단 (48)	0 ×3 ♦1 (×6 ♦1)*5 ×3 •
		13~14단 (48)	0 ×48 •
	[크림색]	15~16단 (48)	0 ×48 •
		17단 (45)	0 ×7 ♦1 (×14 ♦1)*2 ×7 •
		18~19단 (45)	0 ×45 •
		20단 (42)	0 (×13 ♦1)*3 •
		21단 (42)	0 ×42 •
		22단 (39)	0 ×6 ♦1 (×12 ♦1)*2 ×6 •
		23단 (39)	0 ×39 •

[갈색]	24단 (36)	0	(×11 ✧1)*3 •
	25~30단 (36)	0	×36 •
	31단 (30)	0	×2 ✧1 (×4 ✧1)*5 ×2 •
	32단 (24)	0	(×3 ✧1)*6 •

솜을 채워 넣습니다.

33단 (18)	0	×1 ✧1 (×2 ✧1)*5 × •
34단 (12)	0	(×1 ✧1)*6 •

인형이 더욱 빵빵해지도록 솜을 보충해 주세요.

35단 (6)	0	✧6 •

돗바늘 마무리를 합니다.

팔

[갈색]	1단 (6)	원형뜨기로 ×6 •
	2단 (8)	0 (×2 ✧1)*2 •
	3단 (8)	0 ×8 •

[크림색]	4~10단 (8)	0 ×8 •

2/3 정도 솜을 채워 넣고 마무리한 뒤 실을 40cm 남기고 자릅니다.
반대쪽도 동일한 방식으로 작업하세요.

귀

[갈색]	1단 (6)	원형뜨기로 ×6 •
	2단 (12)	0 ✧6 •
	3~4단 (12)	0 ×12 •

마무리한 뒤 실을 40cm 남기고 자릅니다.
반대쪽도 동일한 방식으로 작업하세요.

주둥이

[연한베이지색]	1단 (6)	원형뜨기로 ×6 •
	2단 (12)	0 ✧6 •
	3단 (12)	0 ×12 •

마무리한 뒤 실을 40cm 남기고 자릅니다.

모자

[진한회색]
- 1단 (6)   원형뜨기로 ×6 •
- 2단 (12) 0 ✧6 •
- 3~4단 (12) 0 ×12 •

[연한회색]
- 5단 (12) 0 ×12 •

[진한회색]
- 6단 (18) 0 (⊼1 ⊽1)*6 •   (앞이랑뜨기를 놓치지 마세요!)

마무리한 뒤 실을 40cm 남기고 자릅니다.

나비 넥타이

[연한한분홍색]

* 42쪽 평면뜨기를 참고하세요.

사슬뜨기 **12**
- 1단 (12)   기둥사슬 1코 세우고 사슬산에 ×12
- 2~5단 (12) 기둥사슬 1코 세우고 아랫단 코에 ×12

마무리한 뒤 실을 40cm 남기고 자릅니다.

```
 ×××××××××××× 0
0×××××××××××× 
 ×××××××××××× 0
0×××××××××××× 
 ×××××××××××× 0
 ○○○○○○○○○○○○
```

멜빵

[연한회색]

* 42쪽 평면뜨기를 참고하세요.

사슬뜨기 **30**
- 1단 (30) 기둥사슬 4코 세우고 사슬산에 ×30

마무리한 뒤 실을 10cm 남기고 자릅니다.
반대쪽도 동일한 방식으로 작업하세요.

나비넥타이+단추

* 얼굴과 팔의 위치는 69쪽 엉뚱곰과 동일하니 참고하세요.

멜빵

앞

뒤

- **나비넥타이** : 허리 경계선에서 위로 7~8단 사이
- **단추** : 발끝에서 위로 13~14단 사이, 좌우 간격 15코

- **멜빵** : 발끝에서 위로 13~14단, 좌우 간격 15코

》 얼굴+귀+팔

》 단추

① 돗바늘 마무리한 몸통에 곰신랑의 얼굴, 양쪽 귀와 팔을 위치에 맞게 달아 줍니다. *tip* 70쪽 엉뚱곰 1~26과 동일하니 참고합니다.

② 단추 달기에 필요한 바느질용 실은 매우 가늘어 빠지기 쉬워요. 실을 일반 바늘에 꿰어 준 뒤 2겹으로 겹쳐 묶어 매듭짓습니다.

③ 멜빵 위치에 바늘을 넣은 뒤 1코 옆에서 빼냅니다.

④ 매듭지은 2겹의 실 사이로 바늘을 빼 주세요.

⑤ 단추를 실에 꿰어 다시 한 번 실을 매듭짓습니다. 남은 실은 몸통 속으로 숨겨 마무리해 주세요.

» 멜빵

6 곰신랑을 뒤집어 멜빵 위치에 시침 핀을 꽂아 표시합니다.

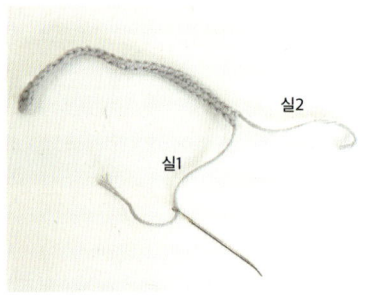
7 멜빵의 겉면이 앞을 향한 상태에서 돗바늘에 실1을 꿰어 줍니다.

8 시침핀 왼쪽 1코에 바늘을 넣고 시침핀 위치에서 뺍니다.

9 돗바늘에 실2를 꿰어 주고 시침핀 오른쪽 1코에 바늘을 넣은 뒤 시침핀 위치에서 뺍니다.

10 실1, 실2가 동일한 코에서 빠져나온 상태예요. 꽂아두었던 시침핀을 뺀 뒤 두 실을 묶어 줍니다.

11 묶은 두 실을 한꺼번에 돗바늘에 꿰고 실을 빼냈던 구멍으로 바늘을 넣어 몸통을 통과해 빼 주세요. 반대쪽으로 나온 실은 핀셋을 이용해 몸통 속으로 숨겨 줍니다. 양쪽 모두 동일하게 작업하세요.

12 완성된 2개의 멜빵을 서로 교차시킵니다.

13 곰신랑을 뒤집습니다. 앞으로 넘어온 멜빵끈을 단추에 끼워 마무리합니다.

》 모자

⑭ 돗바늘에 길게 남긴 실을 꿰어 준 뒤 바늘을 모자 4단과 5단 사이로 빼 줍니다.

⑮ 곰신랑 머리 중앙에 모자가 위치할 수 있도록 곡선 바느질합니다. 바늘을 빼낸 4~5단 사이에서 바느질해야 모자챙이 예쁜 모양을 유지해요.

》 나비넥타이

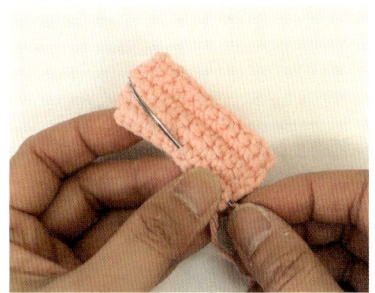  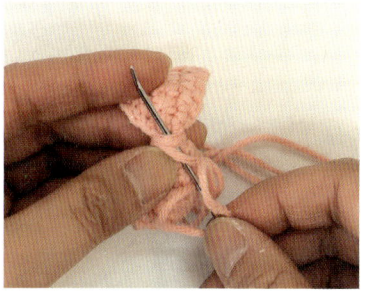

⑯ 길게 남긴 실을 돗바늘에 꿰어 줍니다. 돗바늘을 짜임 뒷면에 넣은 뒤 여섯 번째 코에서 빼내 실을 편물 가운데로 가져옵니다.

⑰ 가운데로 갖고 온 실로 나비넥타이의 모양을 잡으며 4번 감습니다.

⑱ 감은 실 사이로 돗바늘을 통과시켜 단단히 고정합니다.

⑲ 도안에 표시된 위치에 맞춰 넥타이를 바느질해 곰신랑 만들기를 마무리합니다.

곰신부

다리 + 몸통 + 얼굴	[크림색]	1단 (6)	원형뜨기로 ×6
		2단 (9)	O (×1 ◇1)*3 •
		3단 (9)	O ×9 •
	[갈색]	4단 (12)	O ×1 ◇1 (×2 ◇1)*2 ×1 •
		5~6단 (12)	O ×12 •

다리A의 실을 잘라 마무리한 뒤 1~6단을 반복해 다리B를 뜹니다.

	[크림색]	7단 (36)	다리B에서 O ×11 (마지막 1코는 남겨 주세요.)
			사슬뜨기 6
			다리A 두 번째 코에 사슬 연결 후 ×12
			사슬에서 ×6 (이랑뜨기를 놓치지 마세요!)
			다리B에서 남겨 둔 1코에 ×1 •
		8단 (36)	다리B에서 O ×11
			사슬에서 ×6 (이랑뜨기를 놓치지 마세요!)
			다리A에서 ×19 •
		9단 (42)	O (×5 ◇1)*6 •
		10~11단 (42)	O ×42 •
		12단 (48)	O ×3 ◇1 (×6 ◇1)*5 ×3 •
		13~15단 (48)	O ×48 •
		16단 (48)	O ×48 • (이랑뜨기를 놓치지 마세요!)
		17단 (45)	O ×7 △1 (×14 △1)*2 ×7 •
			(이랑뜨기를 놓치지 마세요!)
		18~19단 (45)	O ×45 •
		20단 (42)	O (×13 △1)*3 •
		21단 (42)	O ×42 •
		22단 (39)	O ×6 △1 (×12 △1)*2 ×6 •
		23단 (39)	O ×39 •

	[갈색]	24단 (36)	0 (×11 ⋏1)*3 •
		25~30단 (36)	0 ×36 •
		31단 (30)	0 ×2 ⋏1 (×4 ⋏1)*5 ×2 •
		32단 (24)	0 (×3 ⋏1)*6 •
			솜을 채워 넣습니다.
		33단 (18)	0 ×1 ⋏1 (×2 ⋏1)*5 ×1 •
		34단 (12)	0 (×1 ⋏1)*6 •
			인형이 더욱 빵빵해지도록 솜을 보충해 주세요.
		35단 (6)	0 ⋏6 •
			돗바늘 마무리를 합니다.

팔	[갈색]	1단 (6)	원형뜨기로 ×6 •
		2단 (8)	0 (×2 ⋎1)*2 •
		3~6단 (8)	0 ×8 •
	[크림색]	7~10단 (8)	0 ×8 •
			마무리한 뒤 실을 40cm 남기고 자릅니다.
			반대쪽도 동일한 방식으로 작업하세요.

귀	[갈색]	1단 (6)	원형뜨기로 ×6 •
		2단 (12)	0 ⋎6 •
		3~4단 (12)	0 ×12 •
			마무리한 뒤 실을 40cm 남기고 자릅니다.
			반대쪽도 동일한 방식으로 작업하세요.

주둥이	[연한베이지색]	1단 (6)	원형뜨기로 ×6 •
		2단 (12)	0 ⋎6 •
		3단 (12)	0 ×12 •
			마무리한 뒤 실을 40cm 남기고 자릅니다.

리본 [크림색]

* 42쪽 평면뜨기를 참고하세요.

		사슬뜨기 **12**
1단	(12)	기둥사슬 1코 세우고 사슬산에 ×12
2~5단	(12)	기둥사슬 1코 세우고 아랫단 코에 ×12

마무리한 뒤 실을 40cm 남기고 자릅니다.

치맛단 [크림색]

치마1단

곰신부의 머리가 아래를 향하도록 뒤집은 상태에서
[몸통] 15단 마지막 코부터 앞쪽 반코에 실을 걸고 시작합니다.

1~3단	(48)	0 ×48 •
4단	(48)	0 (×1 1)*8 •

마무리한 뒤 실을 짧게 자르고 편물 속에 숨겨 완성합니다.

[크림색] 치마2단

[몸통] 16단 마지막 코부터 앞쪽 반코에 실을 걸고 시작합니다.

1~2단	(48)	0 ×48 •
3단	(48)	0 (×1 1)*8 •

마무리한 뒤 실을 짧게 자르고 편물 속에 숨겨 완성합니다.

TIP 치맛단 뜨기

❶ 곰신부 [몸통] 16단과 17단에 이랑뜨기한 모습입니다.

❷ 곰신부를 뒤집어 15단 마지막 코부터 남은 앞쪽 반코에 새 실을 걸고 짧은뜨기(×)를 3단 진행합니다. 4단에서 조개무늬뜨기를 이어 진행합니다.

❸ 치마1단의 조개무늬뜨기까지 완성한 모습입니다.

❹ 곰신부 16단 마지막 코부터 남은 앞쪽 반코에 새 실을 걸고 ❷~❸ 과정을 반복해 치마 2단을 떠 치맛단을 완성해 주세요. (치마 2단은 짧은뜨기를 2단만 진행합니다.)

» 얼굴 + 귀 + 팔

» 허리 리본

1 돗바늘 마무리한 몸통에 곰신부의 얼굴, 양쪽 귀와 팔을 위치에 맞게 달아 줍니다. *tip* 70쪽 엉뚱곰 1~26과 동일하니 참고합니다.

2 돗바늘에 분홍색 실을 꿰어 줍니다. 발끝에서 위로 15~16단 사이에서 몸통을 둘러 홈질합니다.

3 허리를 두르고 길게 남은 실을 리본 모양으로 묶어 마무리합니다.

» 속눈썹

4 일반 바늘에 바느질용 검은색실을 꿰고 도톰하게 매듭짓습니다. 바늘을 얼굴 뒤에서 찔러 넣은 뒤 눈 위치에서 뺍니다.

5 1단 위에 다시 바늘을 넣은 뒤 왼쪽 1코 옆에서 빼 속눈썹 한 가닥을 완성합니다.

» 머리 리본

6 바늘을 다시 눈 위치에 넣고 반대쪽 눈 위치에서 뺍니다.

7 ❺~❻ 과정을 반복해 반대쪽 속눈썹을 완성해 주세요. 바늘을 다시 눈 위치에 넣고 몸통 속을 통과시켜 숨겨 주세요.

8 곰신부의 정수리에 도안대로 뜬 리본을 달아 주세요. *tip* 81쪽 곰신랑 16~19와 동일하니 참고하세요.

로드리게스와 산체스는 멕시코에서 온 멋쟁이 친구들이죠!
하지만 어쩐 일인지 하루하루 고향은 더 그리워져만 갑니다.
낮에는 뜨거운 멕시코의 열정으로 온 동네를 휘어잡지만
밤만 되면 고향 생각에 잠 못 들기 일쑤인 로드리게스와 산체스에게
여러분이 새로운 친구가 되어 주세요.

고향이 그리운
선인장 친구들

04 | 로드리게스(26cm)

실
- 초록색(50번) 50g
- 갈색(60번) 25g
- 진한갈색(62번) 25g
- 베이지색(59번) 15g
- 노란색(10번) 5g
- 빨간색(26번) 5g
- 진한초록색(53번) 5g

바늘 모사용 코바늘 5호, 돗바늘, 일반 바늘

기타 멜빵 단추(지름 13mm) 2개
펠트지(진한갈색) 5×12cm
공예용 와이어 50cm
바느질용 실

05 | 산체스(23cm)

실
- 초록색(50번) 50g
- 갈색(60번) 25g
- 진한갈색(62번) 25g
- 베이지색(59번) 15g
- 노란색(10번) 5g
- 빨간색(26번) 5g
- 진한초록색(53번) 5g

바늘 모사용 코바늘 5호, 돗바늘, 일반 바늘

기타 멜빵 단추(지름 13mm) 2개
펠트지(진한갈색) 5×12cm
바느질용 실

| 로드리게스 |

다리

[진한갈색]

1단 (6)		원형뜨기로 ×6 •
2단 (12)	0	◇6 •
3단 (18)	0	(×1 ◇1)*6 •
4단 (24)	0	×6 ◇6 ×6 •
5단 (24)	0	×24 •
6단 (18)	0	×6 ◇6 ×6 •
7단 (14)	0	×5 ◇4 ×5 •
8~10단 (14)	0	×14 •

[갈색]

11~13단 (14) 0 ×14 •

다리A의 실을 잘라 마무리한 뒤 1~13단을 반복해 다리B를 뜹니다.

14단 (42) 다리B에서 0 ×12 (마지막 2코는 남겨 주세요.)

사슬뜨기 7

다리A 다섯 번째 코에 사슬 연결 후 ×14

사슬에서 ×7 (이랑뜨기를 놓치지 마세요!)

다리B 남겨둔 2코에 ×2 •

15단 (42) 다리B에서 0 ×12

사슬에서 ×7 (이랑뜨기를 놓치지 마세요!)

다리A에서 ×23 •

16단 (45) 0 (×13 ◇1)*3 •

17~20단 (45) 0 ×45 •

21단 (48) 0 ×7 ◇1 (×14 ◇1)*2 ×7 •

22-1단 (48) 0 x̄48 • (앞이랑뜨기를 놓치지 마세요!)

23-1단 (48) 0 ×48 •

발끝 모양을 신경 쓰며 솜을 채워 넣습니다.

마무리한 뒤 실을 짧게 자르고 편물 속에 숨겨 완성합니다.

몸통 + 얼굴	[초록색]							

[다리] 21단 첫 번째 코부터 뒤쪽 반코에 새 실을 걸어 시작합니다.

[로드리게스 몸통 시작]

22-2단 (48)	0	×48	•				
23-2단 (48)	0	×48	•				
24~30단 (48)	0	×48	•				
31단 (51)	0	(×15 ☆1)*3	•				
32~40단 (51)	0	×51	•				
41단 (54)	0	×8 ☆1 (×16 ☆1)*2 ×8	•				
42~50단 (54)	0	×54	•				
51단 (48)	0	(×7 ☆1)*6	•				
52단 (42)	0	×3 ☆1 (×6 ☆1)*5 ×3	•				
53단 (36)	0	(×5 ☆1)*6	•				
54단 (30)	0	×2 ☆1 (×4 ☆1)*5 ×2	•				

솜을 채워 넣습니다.

55단 (24)	0	(×3 ☆1)*6	•
56단 (18)	0	×1 ☆1 (×2 ☆1)*5 ×1	•
57단 (12)	0	(×1 ☆1)*6	•

인형이 더욱 빵빵해지도록 솜을 보충해 주세요.

58단 (6)	0	☆6	•

돗바늘 마무리를 합니다.

팔	[초록색]			
		1단 (6)	원형뜨기로 ×6	•
		2단 (9)	0 (×1 ☆1)*3	•
		3~15단 (9)	0 ×9	•

빵빵하게 솜을 채워 넣고 마무리한 뒤 실을 40cm 남기고 자릅니다.
반대쪽도 동일한 방식으로 작업하세요.

멜빵	[진한갈색]	1단 (40)	사슬뜨기 **40** ×**40**

* 42쪽 평면뜨기를 참고하세요.

사슬기둥 4코 세우고 사슬산에
마무리한 뒤 실을 10cm 남기고 자릅니다.
반대쪽도 동일한 방식으로 작업하세요.

모자	[베이지색]	1단 (6)	원형뜨기로 ×6 •
		2단 (8)	0 (×2 ⩔1)*2 • (이랑뜨기를 놓치지 마세요!)
		3단 (10)	0 (×3 ⩔1)*2 •
		4단 (12)	0 ×2 ⩔1 ×4 ⩔1 ×2 •
		5단 (14)	0 (×5 ⩔1)*2 •
		6단 (16)	0 ×3 ⩔1 ×6 ⩔1 ×3 •
		7단 (18)	0 (×7 ⩔1)*2 •
		8단 (24)	0 x̄1 ⩔̄1 (x̄2 ⩔̄1)*5 x̄1 •
			(앞이랑뜨기를 놓치지 마세요!)
		9단 (30)	0 (×3 ⩔1)*6 •
	[빨간색]	10단 (36)	0 ×2 ⩔1 (×4 ⩔1)*5 ×2 •
	[노란색]	11단 (42)	0 (×5 ⩔1)*6 •
	[진한초록색]	12단 (48)	0 ×3 ⩔1 (×6 ⩔1)*5 ×3 •
	[베이지색]	13단 (54)	0 (×7 ⩔1)*6 •

마무리한 뒤 실을 40cm 남기고 자릅니다.

콧수염
도안

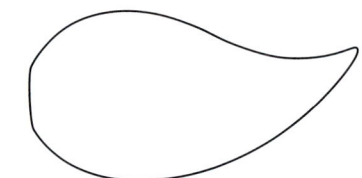

얼굴

앞

- **눈** : 정수리에서 아래로 16~18단, 좌우 간격 10코
- **눈썹** : 눈에서 위로 3단
- **콧수염** : 정수리에서 아래로 21~23단

멜빵

뒤

- **멜빵** : 발끝에서 위로 21~22단, 좌우 간격 14코

팔+가슴털+단추

앞

- **팔** : 허리 경계선에서 위로 12~14단
- **가슴털** : 허리 경계선에서 위로 6~12단 사이
- **단추** : 발끝에서 위로 21단, 좌우 간격 14코

》 몸통

》 팔

1. 솜을 채워 넣고 돗바늘 마무리해 몸통을 완성합니다. *tip* 51쪽 돗바늘 마무리를 참고하세요.

2. 수성펜으로 팔의 위치를 표시합니다.

3. 양쪽 팔을 바른 위치에 정렬합니다. 공예용 와이어를 팔의 길이에 맞춰 재단한 뒤 2겹으로 꼬아 준비해 주세요.

4. 한 쪽 팔을 감침질해 몸통에 고정한 뒤 와이어가 팔 중간에 위치하도록 꽂아줍니다.

5. 나머지 팔 역시 와이어가 팔 가운데에 올 수 있도록 꽂아준 뒤 바느질해 단단히 고정합니다.

》 단추+멜빵

6. 도안에서 위치를 확인한 뒤 단추를 달아 줍니다. *tip* 79쪽 곰신랑 2~5와 동일하니 참고하세요.

7. 몸통을 뒤집은 뒤 멜빵을 한쪽씩 달아 줍니다. 멜빵 양쪽을 모두 고정한 뒤 서로 교차해 앞으로 넘겨 주세요. *tip* 80쪽 곰신랑 6~13과 동일하니 참고하세요.

8. 몸통을 다시 뒤집은 다음 앞으로 넘어온 멜빵을 단추에 끼워 마무리합니다.

» 눈+눈썹

9 눈을 수놓을 위치에 시침핀을 꽂아 표시합니다.

10 돗바늘에 진한갈색실을 꿰어 준 뒤 시침핀 위치에 맞춰 눈을 수놓습니다. 과정을 3번 반복해 입체감 있게 만들어 주세요. *tip* 73쪽 엉뚱곰 21~26과 동일하니 참고하세요.

11 눈썹 역시 시침핀으로 위치를 표시한 뒤 수놓아 주세요. 단 눈썹은 한 번 바느질하는 것으로 충분합니다.

» 콧수염

» 가슴털

12 콧수염 도안을 반으로 접은 펠트지에 대고 오려 줍니다. 펠트지를 펼쳐 콧수염 모양을 확인한 뒤 일반 바늘에 바느질용 진한갈색실을 꿰어 준비하세요.

13 콧수염 위치를 확인한 뒤 콧수염의 가운데 부분을 바느질해 단단히 고정합니다.

14 돗바늘에 연한베이지색실을 꿰고 도톰하게 매듭지은 뒤 가슴 털을 꾸며주고 싶은 위치에 한 땀씩 수놓습니다. *tip* 73쪽 엉뚱곰 27~28과 동일하니 참고하세요.

» 모자

15 돗바늘에 길게 남긴 실을 꿰고 모자 7~8단 사이로 뺍니다.

16 모자에 소량의 솜을 채워 넣은 뒤 비스듬히 세워 바느질로 고정해 마무리합니다.

산체스

다리

[진한갈색]

1단 (6)	원형뜨기로 ×6 •	
2단 (12)	0 ✧6 •	
3단 (18)	0 (×1 ✧1)*6 •	
4단 (24)	0 ×6 ✧6 ×6 •	
5단 (24)	0 ×24 •	
6단 (18)	0 ×6 ✧6 ×6 •	
7단 (14)	0 ×5 ✧4 ×5 •	
8~10단 (14)	0 ×14 •	

[갈색]

11~12단 (14)　0　×14　•

다리A의 실을 잘라 마무리한 뒤 1~12단을 반복해 다리B를 뜹니다.

13단 (42)　다리B에서 0　×12　(마지막 2코는 남겨 주세요.)
　　　　　사슬뜨기 7
　　　　　다리A 다섯 번째 코에 사슬 연결 후 ×14
　　　　　사슬에서 ×7　(이랑뜨기를 놓치지 마세요!)
　　　　　다리B 남겨둔 2코에 ×2　•

14단 (42)　다리B에서 0　×12
　　　　　사슬에서 ×7　(이랑뜨기를 놓치지 마세요!)
　　　　　다리A에서 ×23　•

15단 (42)　0　×42　•
16단 (48)　0　×3 ✧1 (×6 ✧1)*5 ×3　•
17단 (54)　0　(×7 ✧1)*6　•
18~19단 (54)　0　×54　•
20-1단 (54)　0　x̄54　•　(앞이랑뜨기를 놓치지 마세요!)
21-1단 (54)　0　×54　•

발끝 모양을 신경 쓰며 솜을 채워 넣습니다.
마무리한 뒤 실을 짧게 자르고 편물 속에 숨겨 완성합니다.

몸통 + 얼굴	[초록색]			
		[다리] 19단 첫 번째 코부터 뒤쪽 반코에 새 실을 걸어 시작합니다.		
	20-2단 (54)	0	×54	•
	21-2단 (54)	0	×54	•
	22단 (57)	0	(×17 ✧1)*3	•
	23단 (60)	0	×9 ✧1 (×18 ✧1)*2 ×9	•
	24단 (63)	0	(×19 ✧1)*3	•
	25단 (66)	0	×10 ✧1 (×20 ✧1)*2 ×10	•
	26~35단 (66)	0	×66	•
	36단 (63)	0	×10 ✧1 (×20 ✧1)*2 ×10	•
	37단 (60)	0	(×19 ✧1)*3	•
	38단 (57)	0	×9 ✧1 (×18 ✧1)*2 ×9	•
	39단 (54)	0	(×17 ✧1)*3	•
	40단 (51)	0	×8 ✧1 (×16 ✧1)*2 ×8	•
	41단 (48)	0	(×15 ✧1)*3	•
	42단 (42)	0	×3 ✧1 (×6 ✧1)*5 ×3	•
	43단 (36)	0	(×5 ✧1)*6	•
	44단 (30)	0	×2 ✧1 (×4 ✧1)*5 ×2	•
		솜을 채워 넣습니다.		
	45단 (24)	0	(×3 ✧1)*6	•
	46단 (18)	0	×1 ✧1 (×2 ✧1)*5 ×1	•
	47단 (12)	0	(×1 ✧1)*6	•
		인형이 더욱 빵빵해지도록 솜을 보충해 주세요.		
	48단 (6)	0	✧6	•
		돗바늘 마무리를 합니다.		

팔	[초록색]			
	1단 (6)	원형뜨기로 ×6	•	
	2단 (9)	0	(×1 ✧1)*3	•
	3단 (12)	0	×1 ✧1 (×2 ✧1)*2 ×1	•
	4단 (15)	0	(×3 ✧1)*3	•
	5단 (18)	0	×2 ✧1 (×4 ✧1)*2 ×2	•
	6~8단 (18)	0	×18	•
	9단 (15)	0	×2 ✧1 (×4 ✧1)*2 ×2	•
	10단 (12)	0	(×3 ✧1)*3	•
	11단 (9)	0	×1 ✧1 (×2 ✧1)*2 ×1	•
		2/3 정도 솜을 채워 넣고 마무리한 뒤 실을 40cm 남기고 자릅니다.		
		반대쪽도 동일한 방식으로 작업하세요.		

멜빵	[진한갈색]	1단 (45)	사슬뜨기 **45**	
* 42쪽 평면뜨기를 참고하세요.			사슬기둥 4코 세우고 사슬산에 **×45**	
			마무리한 뒤 실을 10cm 남기고 자릅니다.	
			반대쪽도 동일한 방식으로 작업하세요.	

모자	[베이지색]	1단 (6)	원형뜨기로 ×6 •	
		2단 (8)	O (×2 ⩔1)*2 •	(이랑뜨기를 놓치지 마세요!)
		3단 (8)	O ×8 •	
		4단 (10)	O (×3 ⩔1)*2 •	
		5단 (10)	O ×10 •	
		6단 (12)	O ×2 ⩔1 ×4 ⩔1 ×2 •	
		7단 (12)	O ×12 •	
		8단 (14)	O (×5 ⩔1)*2 •	
		9단 (14)	O ×14 •	
		10단 (16)	O ×3 ⩔1 ×6 ⩔1 ×3 •	
		11단 (16)	O ×16 •	
		12단 (18)	O (×7 ⩔1)*2 •	
		13단 (24)	O x̄1 ⩔1 (x̄2 ⩔1)*5 x̄1 •	
			(앞이랑뜨기를 놓치지 마세요!)	
		14단 (30)	O (×3 ⩔1)*6 •	
		15단 (36)	O ×2 ⩔1 (×4 ⩔1)*5 ×2 •	
		16단 (42)	O (×5 ⩔1)*6 •	
		17단 (48)	O ×3 ⩔1 (×6 ⩔1)*5 ×3 •	
	[빨간색]	18단 (54)	O (×7 ⩔1)*6 •	
	[노란색]	19단 (60)	O ×4 ⩔1 (×8 ⩔1)*5 ×4	
	[진한초록색]	20단 (66)	O (×9 ⩔1)*6 •	
	[베이지색]	21단 (72)	O ×5 ⩔1 (×10 ⩔1)*5 ×5 •	
			마무리한 뒤 실을 40cm 남기고 자릅니다.	

얼굴

앞

- **눈** : 정수리에서 아래로 13~14단 사이, 좌우 간격 5코
- **눈썹** : 눈에서 위로 3단
- **콧수염** : 정수리에서 아래로 17~18단

팔+가슴털+단추

앞

- **팔** : 허리 경계선에서 위로 5~8단
- **가슴털** : 허리 경계선에서 위로 4~9단 사이
- **단추** : 발끝에서 위로 19단, 좌우 간격 16코

멜빵

뒤

- **멜빵** : 발끝에서 위로 19단, 좌우 간격 16코

》몸통

》팔

① 솜을 채워 넣고 돗바늘 마무리해 몸통을 완성합니다. *tip* 51쪽 돗바늘 마무리를 참고하세요.

② 수성펜으로 팔 위치를 비스듬히 표시합니다.

③ 준비한 양쪽 팔을 순서대로 감침질해 고정합니다.

》단추+멜빵

④ 도안에서 위치를 확인한 뒤 단추를 달아 줍니다. *tip* 79쪽 곰신랑 2~5와 동일하니 참고하세요.

⑤ 몸통을 뒤집은 뒤 멜빵을 한쪽씩 달아 줍니다. 고정한 멜빵은 서로 교차해 앞으로 넘겨 주세요. *tip* 80쪽 곰신랑 6~13과 동일하니 참고하세요.

⑥ 몸통을 다시 뒤집은 다음 앞으로 넘어온 멜빵을 단추에 끼워 마무리합니다.

» 눈+눈썹

» 콧수염

7 눈을 수놓을 위치에 시침핀을 꽂아 표시한 뒤 시침핀 위치에 맞춰 눈을 수놓습니다. 과정을 3번 반복해 입체감 있게 만들어 주세요. *tip* 73쪽 엉뚱곰 21~26과 동일하니 참고하세요.

8 눈썹 역시 시침핀으로 위치를 표시한 뒤 수놓아 주세요. 단 눈썹은 한 번 바느질하는 것으로 충분합니다.

9 도안에 맞춰 오린 펠트지를 콧수염 위치에 놓고 가운데 부분을 바느질해 고정합니다.

» 모자

» 가슴털

10 돗바늘에 길게 남긴 실을 꿰고 모자 12~13단 사이로 뺍니다.

11 모자에 소량의 솜을 채워 넣은 뒤 비스듬히 세워 바느질로 고정해 마무리합니다.

12 돗바늘에 연한베이지색실을 꿰고 도톰하게 매듭지은 뒤 가슴 털을 꾸며주고 싶은 위치에 한 땀씩 수놓습니다. *tip* 73쪽 엉뚱곰 27~28과 동일하니 참고하세요..

코끼리 엘리엇은 신사가 되고 싶어 영국으로 유학 왔어요. 따뜻한 아프리카와 달리
변화무쌍한 영국 날씨 때문에 감기에 걸리기 일쑤입니다. 덕분에 목도리가 필수 아이템이죠.
아프리카 사자 왕 집안의 잭은 더 많은 동물 친구들과 친해지고 싶어
왕위를 버리고 식성까지 채식으로 바꿨어요. 지금은 엘리엇을 만나러 바다 건너 영국을 방문했지요.
채식사자 잭은 코끼리 엘리엇이 영국에 와서 처음 사귄 다정한 곰 윌리엄과도 친구가 되어 더욱 기쁩니다.
사실 윌리엄도 영국 왕실 출신인 터라 둘이 통하는 점이 많거든요.
오늘 이 세 친구들이 따뜻한 차를 마시러 함께 모였어요. 과연 이들은 어떤 이야기를 나눌까요?

평화로운
동물나라 티타임

06 | 다정한 곰 윌리엄 (19cm)

실
- 베이지색(59번) 40g
- 청록색(49번) 20g
- 진한회색(67번) 20g
- 크림색(4번) 5g
- 밝은분홍색(23번) 100cm

바늘 모사용 코바늘 5호, 돗바늘, 일반 바늘

기타 콩단추(지름 6mm) 2개
코 단추(지름 8cmm) 1개
바느질용 실

07 | 채식사자 잭 (19cm)

실
- 겨자색(12번) 40g
- 연한회색(65번) 20g
- 자주색(32번) 20g.
- 진한갈색(62번) 30g
- 크림색(4번) 10g

바늘 모사용 코바늘 5호, 돗바늘, 일반 바늘

기타 콩단추(지름 6mm) 2개
코 단추(지름 8cmm) 1개
바느질용 실

08 | 코끼리 신사 엘리엇 (19cm)

실
- 연한회색(65번) 40g
- 크림색(4번) 20g
- 빨간색(26번) 20g.
- 검정색(69번) 10g
- 연두색(46번) 10g
- 밝은분홍색(23번) 100cm

바늘 모사용 코바늘 5호, 돗바늘, 일반 바늘

기타 콩단추(지름 6mm) 2개, 바느질용 실

다정한 곰 윌리엄

다리 + 몸통

[베이지색]

단		
1단 (6)	원형뜨기로 ×6 •	
2단 (12)	0 ✧6 •	
3단 (16)	0 ×4 ✧4 ×4 •	
4단 (20)	0 ×6 ✧4 ×6 •	
5단 (20)	0 ×20 •	
6단 (16)	0 ×6 ✦4 ×6 •	
7단 (12)	0 ×4 ✦4 ×4 •	
8단 (10)	0 ×4 ✦2 ×4 •	
9~14단 (10)	0 ×10 •	

발끝 모양을 신경 쓰며 솜을 채워 넣습니다.
다리A의 실을 잘라 마무리한 뒤 1~14단을 반복해 다리B를 뜹니다.

15단 (30)
다리B에서 0 ×8 (마지막 2코는 남겨 주세요.)
사슬뜨기 5
다리A 네 번째 코에 사슬 연결 후 ×10
사슬에서 ×5 (이랑뜨기를 놓치지 마세요!)
다리B 남겨둔 2코에 ×2 •

16단 (30)
다리B에서 0 ×8
사슬에서 ×5 (이랑뜨기를 놓치지 마세요!)
다리A에서 ×17 •

17단 (36) 0 ×2 ✧1 (×4 ✧1)*5 ×2 •
18~20단 (36) 0 ×36 •

[청록색
진한회색]

21단부터 32단까지 2가지 색상을 2단씩 교대로 바꿔가며 뜹니다.

단	
21~22단 (36)	0 ×36 •
23단 (33)	0 ×5 ✦1 (×10 ✦1)*2 ×5 •
24단 (33)	0 ×33 •
25단 (30)	0 (×9 ✦1)*3 •
26단 (30)	0 ×30 •
27단 (27)	0 ×4 ✦1 (×8 ✦1)*2 ×4 •
28단 (27)	0 ×27 •

솜을 채워 넣습니다.

29단 (24)	0 (×7 ✦1)*3 •
30단 (24)	0 ×24 •
31단 (21)	0 ×3 ✦1 (×6 ✦1)*2 ×3 •
32단 (18)	0 (×5 ✦1)*3 •

인형이 더욱 빵빵해지도록 솜을 보충해 주세요.
마무리한 뒤 실을 짧게 자르고 편물 속에 숨겨 완성합니다.

머리	[베이지색]	1단 (6)	원형뜨기로 ×6 •
		2단 (12)	0 ✧6 •
		3단 (18)	0 (×1 ✧1)*6 •
		4단 (24)	0 ×1 ✧1 (×2 ✧1)*5 ×1 •
		5단 (30)	0 (×3 ✧1)*6 •
		6단 (36)	0 ×2 ✧1 (×4 ✧1)*5 ×2 •
		7단 (42)	0 (×5 ✧1)*6 •
		8단 (48)	0 ×3 ✧1 (×6 ✧1)*5 ×3 •
		9~16단 (48)	0 ×48 •
		17단 (42)	0 ×3 ✧1 (×6 ✧1)*5 ×3 •
		18단 (36)	0 (×5 ✧1)*6 •
		19단 (30)	0 ×2 ✧1 (×4 ✧1)*5 ×2 •
		20단 (24)	0 (×3 ✧1)*6 •
		21단 (18)	0 ×1 ✧1 (×2 ✧1)*5 ×1 •

동그란 머리 모양을 만들며 솜을 채워 넣고 마무리한 뒤 실을 40cm 남기고 자릅니다.

귀	[베이지색]	1단 (6)	원형뜨기로 ×6 •
		2단 (12)	0 ✧6 •
		3~4단 (12)	0 ×12 •

마무리한 뒤 실을 40cm 남기고 자릅니다.
반대쪽도 동일한 방식으로 작업하세요.

주둥이	[크림색]	1단 (6)	원형뜨기로 ×6 •
		2단 (12)	0 ✧6 •
		3단 (18)	0 (×1 ✧1)*6 •
		4단 (18)	0 ×18 •

마무리한 뒤 실을 40cm 남기고 자릅니다.

팔	[베이지색]	1단 (6)	원형뜨기로 ×6 •
		2단 (12)	0　◇6 •
		3~4단 (12)	0　×12 •
		5단 (8)	0　(×1 ◇1)*4 •
	[청록색 진한회색]	6~17단 (8)	6단부터 17단까지 2가지 색상을 2단씩 교대로 바꿔가며 뜹니다. 0　×8 • 2/3 정도 솜을 채워 넣고 마무리한 뒤 실을 40cm 남기고 자릅니다. 반대쪽도 동일한 방식으로 작업하세요.

얼굴

앞

- **눈** : 정수리에서 아래로 9~10단 사이, 좌우 간격 7코
- **눈썹** : 눈에서 위로 3단
- **주둥이** : 정수리에서 아래로 10~15단
- **볼터치** : 눈에서 아래로 1단, 바깥쪽 1코

귀

위

- **귀** : 정수리에서 아래로 5~9단

팔

옆

- **팔** : 목 경계선에서 아래로 1~2단 사이

» 머리+몸통

① 몸통과 머리는 공그르기로 연결합니다. 바느질을 2/3 정도 진행한 뒤 솜을 빵빵하게 보충하고 다시 바느질을 끝까지 진행해 마무리합니다. *tip* 53쪽 공그르기를 참고하세요.

» 팔

② 수성펜으로 팔의 위치를 표시한 뒤 준비한 팔을 뒤에서 앞쪽으로 감침질해 고정합니다. 양쪽 모두 동일하게 작업하세요.

» 귀

③ 수성펜으로 귀 위치를 표시합니다. 귀를 반으로 접어 납작하게 만든 뒤 돗바늘에 길게 남긴 실을 꿰어 감침질해 연결합니다. 양쪽 모두 동일하게 작업하세요.

» 주둥이

④ 수성펜으로 주둥이의 위치를 표시합니다. 길게 남긴 실을 2갈래로 나눠 한쪽 실에 돗바늘을 꿰고 나머지는 돌돌 말아 주둥이 안쪽에 숨겨 줍니다.

⑤ 표시한 위치에 주둥이를 놓고 바느질합니다. 바느질을 2/3 정도 진행한 뒤 솜을 빵빵하게 보충하고 다시 바느질을 끝까지 진행해 마무리합니다. *tip* 71쪽 엉뚱곰 6~8과 동일하니 참고하세요.

» 눈

⑥ 눈 위치에 시침핀을 꽂아 표시합니다. 돗바늘에 콩단추를 끼운 바느질용 실을 꿰어 위치에 맞게 고정해 주세요. *tip* 72쪽 엉뚱곰 14~17과 동일하니 참고하세요.

» 입+코

⑦ 일반 바늘에 바느질용 진한갈색실을 꿰어 매듭지은 뒤 입을 수놓습니다. 수놓은 입 위쪽 끝에 코 단추를 달아 주둥이를 마무리합니다. *tip* 72쪽 엉뚱곰 18~20과 동일하니 참고하세요.

» 눈썹

⑧ 눈썹 위치를 확인한 뒤 일반 바늘에 바느질용 진한갈색실을 꿰어 매듭짓습니다. 위치에 맞춰 눈썹을 수놓아 주세요. 눈썹의 끝머리가 비스듬히 아래를 향할 수 있도록 합니다.

» 볼터치

⑨ 돗바늘에 밝은분홍색실을 꿰고 도톰하게 매듭지은 뒤 위치에 맞게 수놓습니다. *tip* 73쪽 엉뚱곰 21~26과 동일하니 참고하세요.

채식사자 잭

다리 + 몸통

[겨자색]

단		
1단 (6)	원형뜨기로 ×6 •	
2단 (12)	0 ⋄6 •	
3단 (16)	0 ×4 ⋄4 ×4 •	
4단 (20)	0 ×6 ⋄4 ×6 •	
5단 (20)	0 ×20 •	
6단 (16)	0 ×6 ✧4 ×6 •	
7단 (12)	0 ×4 ✧4 ×4 •	
8단 (10)	0 ×4 ✧2 ×4 •	
9~14단 (10)	0 ×10 •	

발끝 모양을 신경 쓰며 솜을 채워 넣습니다.

다리A의 실을 잘라 마무리한 뒤 1~14단을 반복해 다리B를 뜹니다.

15단 (30) 다리B에서 0 ×8 (마지막 2코는 남겨 주세요.)

사슬뜨기 5

다리A 네 번째 코에 사슬 연결 후 ×10

사슬에서 ×5 (이랑뜨기를 놓치지 마세요!)

다리B 남겨둔 2코에 ×2 •

16단 (30) 다리B에서 0 ×8

사슬에서 ×5 (이랑뜨기를 놓치지 마세요!)

다리A에서 ×17 •

17단 (36) 0 ×2 ✧1 (×4 ✧1)*5 ×2 •

18~20단 (36) 0 ×36 •

[자주색 연한회색]

21단부터 32단까지 2가지 색상을 2단씩 교대로 바꿔가며 뜹니다.

21~22단 (36)	0 ×36 •
23단 (33)	0 ×5 ✧1 (×10 ✧1)*2 ×5 •
24단 (33)	0 ×33 •
25단 (30)	0 (×9 ✧1)*3 •
26단 (30)	0 ×30 •
27단 (27)	0 ×4 ✧1 (×8 ✧1)*2 ×4 •
28단 (27)	0 ×27 •

솜을 채워 넣습니다.

29단 (24)	0 (×7 ✧1)*3 •
30단 (24)	0 ×24 •
31단 (21)	0 ×3 ✧1 (×6 ✧1)*2 ×3 •
32단 (18)	0 (×5 ✧1)*3 •

빵빵하게 솜을 채워 넣습니다.

마무리한 뒤 실을 짧게 자르고 편물 속에 숨겨 완성합니다.

머리 [겨자색]

단		
1단 (6)	원형뜨기로 ×6 •	
2단 (12)	0 ✧6 •	
3단 (18)	0 (×1 ✧1)*6 •	
4단 (24)	0 ×1 ✧1 (×2 ✧1)*5 ×1 •	
5단 (30)	0 (×3 ✧1)*6 •	
6단 (36)	0 ×2 ✧1 (×4 ✧1)*5 ×2 •	
7단 (42)	0 (×5 ✧1)*6 •	
8단 (48)	0 ×3 ✧1 (×6 ✧1)*5 ×3 •	
9~16단 (48)	0 ×48 •	
17단 (42)	0 ×3 ✧1 (×6 ✧1)*5 ×3 •	
18단 (36)	0 (×5 ✧1)*6 •	
19단 (30)	0 ×2 ✧1 (×4 ✧1)*5 ×2 •	
20단 (24)	0 (×3 ✧1)*6 •	
21단 (18)	0 ×1 ✧1 (×2 ✧1)*5 ×1 •	

동그란 머리 모양을 만들며 솜을 채워 넣고 마무리한 뒤 실을 40cm 남기고 자릅니다.

귀 [겨자색]

1단 (6)	원형뜨기로 ×6 •
2단 (8)	0 (×2 ✧1)*2 •
3단 (10)	0 (×3 ✧1)*2 •
4단 (12)	0 (×4 ✧1)*2 •
5단 (14)	0 (×5 ✧1)*2 •
6단 (16)	0 (×6 ✧1)*2 •

마무리한 뒤 실을 40cm 남기고 자릅니다.
반대쪽도 동일한 방식으로 작업하세요.

콧방울 [크림색]

1단 (6)	원형뜨기로 ×6 •
2단 (12)	0 ✧6 •
3단 (18)	0 (×1 ✧1)*6 •
4단 (18)	0 ×18 •

마무리한 뒤 실을 40cm 남기고 자릅니다.
반대쪽도 동일한 방식으로 작업하세요.

팔	[겨자색]	1단 (6)	원형뜨기로 ×6 •
		2단 (12)	0 ✧6 •
		3~4단 (12)	0 ×12 •
		5단 (8)	0 (×1 ✧1)*4 •
	[자주색 연한회색]	6~17단 (8)	6단부터 17단까지 2가지 색상을 2단씩 교대로 바꿔가며 뜹니다. 0 ×8 • 2/3 정도 솜을 채워 넣고 마무리한 뒤 실을 40cm 남기고 자릅니다. 반대쪽도 동일한 방식으로 작업하세요.

갈기 [진한갈색]

* 47쪽 원통뜨기를 참고하세요.

사슬뜨기 50

첫 코와 마지막 코를 빼뜨기(•)로 연결합니다.

1단 (50)　　0　×50　•

2단 (50)　　0　(×1 ○10)*50　•

마무리한 뒤 실을 40cm 남기고 자릅니다.

얼굴 *팔의 위치는 104쪽 다정한 곰 윌리엄과 동일하니 참고하세요. ## 귀

- **눈** : 정수리에서 아래로 9~10단 사이, 눈 좌우 간격 5코
- **눈썹** : 눈에서 위로 2단
- **콧방울** : 정수리에서 아래로 11~15단

- **귀** : 정수리에서 아래로 4~10단

》 몸통+머리+팔+콧방울

》 눈

》 코

① 몸통과 머리는 공그리기로 연결합니다. 팔과 귀, 콧방울도 위치에 맞게 달아 주세요. *tip* 105쪽 다정한 곰 윌리엄 1~5와 동일하니 참고하세요.

② 눈 위치에 시침핀을 꽂아 표시합니다. 돗바늘에 콩단추를 끼운 바느질용 실을 꿰어 위치에 맞게 고정해 주세요. *tip* 72쪽 엉뚱곰 14~17과 동일하니 참고하세요.

③ 양쪽 콧방울 사이 빈 공간에 맞춰 코 단추를 달아 주세요.

》 눈썹

》 갈기

④ 눈썹 위치를 확인한 뒤 일반 바늘에 바느질용 진한갈색실을 꿰어 매듭 짓습니다. 위치에 맞춰 눈썹을 수놓아 주세요. 눈썹의 끝머리가 비스듬히 아래를 향할 수 있도록 합니다.

⑤ 도안대로 뜬 갈기를 완성된 책의 얼굴에 두르고 바느질로 고정해 마무리합니다.

코끼리 신사 엘리엇

다리 + 몸통

[연한회색]

1단 (6)	원형뜨기로 ×6 •
2단 (12)	0 ❖6 •
3단 (16)	0 ×4 ❖4 ×4 •
4단 (20)	0 ×6 ❖4 ×6 •
5단 (20)	0 ×20 •
6단 (16)	0 ×6 ✧4 ×6 •
7단 (12)	0 ×4 ✧4 ×4 •
8단 (10)	0 ×4 ✧2 ×4 •
9~14단 (10)	0 ×10 •

다리A의 발끝 모양을 신경 쓰며 솜을 채워 넣습니다.

실을 잘라 마무리한 뒤 1~14단을 반복해 다리B를 뜹니다.

15단 (30) 다리B에서 0 ×8 (마지막 2코는 남겨 주세요.)
사슬뜨기 5
다리A 네 번째 코에 사슬 연결 후 ×10
사슬에서 ×5 (이랑뜨기를 놓치지 마세요!)
다리B에 남겨둔 2코에 ×2 •

16단 (30) 다리B에서 0 ×8
사슬에서 ×5 (이랑뜨기를 놓치지 마세요!)
다리A에서 ×17 •

17단 (36) 0 ×2 ❖1 (×4 ❖1)*5 ×2 •

18~20단 (36) 0 ×36 •

[빨간색 크림색]

21단부터 32단까지 2가지 색상을 2단씩 교대로 바꿔가며 뜹니다.

21~22단 (36)	0 ×36 •
23단 (33)	0 ×5 ✧1 (×10 ✧1)*2 ×5 •
24단 (33)	0 ×33 •
25단 (30)	0 (×9 ✧1)*3 •
26단 (30)	0 ×30 •
27단 (27)	0 ×4 ✧1 (×8 ✧1)*2 ×4 •
28단 (27)	0 ×27 •

솜을 채워 넣습니다.

29단 (24)	0 (×7 ✧1)*3 •
30단 (24)	0 ×24 •
31단 (21)	0 ×3 ✧1 (×6 ✧1)*2 ×3 •
32단 (18)	0 (×5 ✧1)*3 •

인형이 더욱 빵빵해지도록 솜을 보충해 주세요.

마무리한 뒤 실을 짧게 자르고 편물 속에 숨겨 완성합니다.

머리	[연한회색]	1단 (6)	원형뜨기로 ×6 •
		2단 (12)	0 ✧6 •
		3단 (18)	0 (×1 ✧1)*6 •
		4단 (24)	0 ×1 ✧1 (×2 ✧1)*5 ×1 •
		5단 (30)	0 (×3 ✧1)*6 •
		6단 (36)	0 ×2 ✧1 (×4 ✧1)*5 ×2 •
		7단 (42)	0 (×5 ✧1)*6 •
		8단 (48)	0 ×3 ✧1 (×6 ✧1)*5 ×3 •
		9~16단 (48)	0 ×48 •
		17단 (42)	0 ×3 ⋏1 (×6 ⋏1)*5 ×3 •
		18단 (36)	0 (×5 ⋏1)*6 •
		19단 (30)	0 ×2 ⋏1 (×4 ⋏1)*5 ×2 •
		20단 (24)	0 (×3 ⋏1)*6 •
		21단 (18)	0 ×1 ⋏1 (×2 ⋏1)*5 ×1 •

동그란 머리 모양을 만들며 솜을 채워 넣고 마무리한 뒤 실을 40cm 남기고 자릅니다.

귀	[연한회색]	1단 (6)	원형뜨기로 ×6 •
		2단 (12)	0 ✧6 •
		3단 (18)	0 (×1 ✧1)*6 •
		4단 (24)	0 ×1 ✧1 (×2 ✧1)*5 ×1 •
		5단 (25)	0 (×3 ✧1)*5 •

마지막 4코는 뜨지 않은 상태에서 마무리한 뒤 실을 40cm 남기고 자릅니다.
반대쪽도 동일한 방식으로 작업하세요.

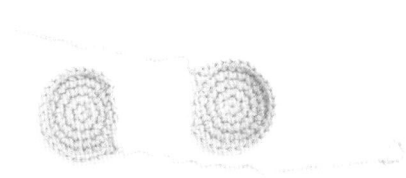

[엘리엇 귀]

코

	[연한회색]	1단 (6)	원형뜨기로 ×6 •
		2~8단 (6)	0　×6 •

마무리한 뒤 실을 40cm 남기고 자릅니다.

팔

	[연한회색]	1단 (6)	원형뜨기로 ×6 •
		2단 (12)	0　✧6 •
		3~4단 (12)	0　×12 •
		5단 (8)	0　(×1 ✧1)*4 •
	[빨간색 크림색]	6~17단 (8)	6단부터 17단까지 2가지 색상을 2단씩 교대로 바꿔가며 뜹니다. 0　×8 •

2/3 정도 솜을 채워 넣고 마무리한 뒤 실을 40cm 남기고 자릅니다.
반대쪽도 동일한 방식으로 작업하세요.

모자

	[검은색]	1단 (6)	원형뜨기로 ×6 •
		2단 (12)	0　✧6 •
		3~4단 (12)	0　×12 •
	[빨간색]	5~6단 (12)	0　×12 •
	[검은색]	7단 (18)	0　(x̄1 ⊽1)*6 •　(앞이랑뜨기를 놓치지 마세요!)

마무리한 뒤 실을 40cm 남기고 자릅니다.

목도리

• 42쪽 평면뜨기를 참고하세요.

	[연두색]		사슬뜨기　60
		1단 (60)	기둥사슬 1코 세우고 사슬산에　×60

마무리한 뒤 실을 10cm 남기고 자릅니다.

얼굴
• 팔의 위치는 104쪽 다정한 곰 윌리엄과 동일하니 참고하세요.

귀

앞

옆

- **눈** : 정수리에서 아래로 10~11단, 눈 좌우 간격 8코
- **눈썹** : 눈에서 위로 5단
- **코** : 정수리에서 아래로 11~12단
- **입** : 정수리에서 아래로 15단
- **볼터치** : 눈에서 아래로 1단, 코 바깥쪽 1코

- **귀** : 정수리에서 아래로 9~15단

》 몸통+머리+팔

》 귀

》 코

1 몸통과 머리는 공그리기로 연결합니다. 팔 역시 위치에 맞게 달아주세요. *tip* 105쪽 다정한 곰 윌리엄 1~2와 동일하니 참고하세요.

2 수성펜으로 귀 위치를 표시합니다. 귀의 겉면이 앞을 향하도록 놓은 뒤 위치에 맞춰 위에서 아래로 감침질합니다. 양쪽 귀 모두 동일하게 작업해 주세요.

3 코 위치를 수성펜으로 표시합니다. 돗바늘에 길게 남긴 실을 꿰어 준 뒤 위치에 맞춰 바느질합니다.

» 눈

④ 눈 위치에 시침핀을 꽂아 표시합니다. 돗바늘에 콩단추를 끼운 바느질용 실을 꿰어 위치에 맞게 고정해 주세요. *tip* 눈 달기는 72쪽 엉뚱곰 14~17과 동일하니 참고하세요.

» 눈썹+입

⑤ 눈썹과 입을 수놓을 위치를 확인합니다. 바느질용 진한갈색실을 일반 바늘에 꿰어 매듭지은 뒤 눈썹의 끝머리는 비스듬히 아래를 향할 수 있도록, 입꼬리는 올라오도록 수놓아 주세요.

» 볼터치

⑥ 돗바늘에 밝은분홍색실을 꿰고 도톰하게 매듭지은 뒤 위치에 맞게 수놓습니다. *tip* 73쪽 엉뚱곰 21~26과 동일하니 참고하세요.

» 모자

⑦ 길게 남긴 실을 돗바늘에 꿰고 모자 6~7단 사이로 뺍니다. 소량의 솜을 채워 넣은 뒤 비스듬히 세워 곡선 바느질해 달아 주세요.

» 목도리

⑧ 도안대로 뜬 목도리를 엘리엇 목에 둘러 완성합니다.

빵빵이와 핫도개는 어린 시절부터 모든 일을 함께 해온 둘도 없는 친구랍니다.
빵빵이가 처음 핫도개를 만났을 때는 손안에 들어올 정도로 작은 강아지였지만
어느새 빵빵이와 키가 비슷할 정도로 훌쩍 커버렸어요.
하지만 핫도개는 지금도 빵빵이가 안아줄 때 세상에서 제일 기분이 좋아요.
이제는 무거워진 핫도개가 조금은 부담스럽지만 둘의 우정은 지금도 여전하답니다.

빵빵이와 핫도개의
즐거운 산책 시간

09 | 빵빵이 (34cm)

실
- 갈색(60번) 40g
- 살색(3번) 50g
- 자주색(32번) 30g
- 진한회색(67번) 20g
- 파란색(37번) 15g
- 크림색(4번) 15g
- 연한회색(65번) 15g
- 연두색(46번) 15g
- 진한분홍색(27번) 10g
- 분홍색(20번) 10g

바늘 모사용 코바늘 5호, 돗바늘, 일반 바늘

기타
멜빵 단추(지름 13mm) 2개
눈 단추(지름 6mm) 2개
펠트지(진한노란색) 3×6cm
바느질용 실

10 | 핫도개 (25cm)

실
- 갈색(60번) 50g
- 진한갈색(62번) 20g
- 진한분홍색(27번) 10g
- 연두색(46번) 10g

바늘 모사용 코바늘 5호, 돗바늘, 일반 바늘

기타
콩단추(지름 8mm) 2개
목도리 단추(지름 10mm) 1개
바느질용 실

빵빵이

다리 + 몸통

색상	단	내용
[진한회색]	1단 (6)	원형뜨기로 ×6 •
	2단 (12)	0 ◇6 •
	3단 (18)	0 (×1 ◇1)*6 •
	4단 (24)	0 ×6 ◇6 ×6 •
	5~6단 (24)	0 ×24 •
	7단 (18)	0 ×6 ◇6 ×6 •
	8단 (14)	0 ×5 ◇4 ×5 •
	9~11단 (14)	0 ×14 •
[자주색]	12~19단 (14)	0 ×14 •

발끝 모양을 신경 쓰며 솜을 채워 넣습니다.

다리 A의 실을 잘라 마무리한 뒤 19단을 반복해 다리B를 뜹니다.

20단 (48)
다리B에서 0 ×12 (마지막 2코는 남겨 주세요.)
사슬뜨기 10
다리A 두 번째 코에 사슬 연결 후 ×14
사슬에서 ×10 (이랑뜨기를 놓치지 마세요!)
다리B 남겨둔 2코에 ×2

21단 (48)
다리B에서 0 ×12
사슬에서 ×10 (이랑뜨기를 놓치지 마세요!)
다리A에서 ×26 •

22단 (54) 0 (×7 ◇1)*6 •
23~27단 (54) 0 ×54 •

[파란색 연한회색 연두색 크림색]

28단부터 46단까지 4가지 색상을 1단씩 교대로 바꿔가며 뜹니다.

28~34단 (54) 0 ×54 •
35단 (51) 0 ×8 ◇1 (×16 ◇1)*2 ×8 •
36단 (51) 0 ×51 •
37단 (48) 0 (×15 ◇1)*3 •
38단 (48) 0 ×48 •
39단 (45) 0 ×7 ◇1 (×14 ◇1)*2 ×7 •
40단 (45) 0 ×45 •
41단 (42) 0 (×13 ◇1)*3 •
42단 (42) 0 ×42 •

솜을 채워 넣습니다.

	43단 (39)	O ×6 ✧1 (×12 ✧1)*2 ×6 •
	44단 (39)	O ×39 •
	45단 (36)	O (×11 ✧1)*3 •
	46단 (36)	O ×36 •

인형이 더욱 빵빵해지도록 솜을 보충해 주세요.

마무리한 뒤 실을 짧게 자르고 편물 속에 숨겨 완성합니다.

팔 [살색]

1단 (6)	원형뜨기로 ×6 •
2단 (12)	O ✧6 •
3~4단 (12)	O ×12 •
5단 (14)	O ×5 ∀2 ×5 •
6단 (12)	O ×5 ✧2 ×5 •
7단 (10)	O ×4 ✧2 ×4 •

[연두색 / 연한회색 / 파란색 / 크림색]

8단부터 25단까지 4가지 색상을 1단씩 교대로 바꿔가며 뜹니다.

8~25단 (10)　O　×10　•

2/3 정도 솜을 채워 넣고 마무리한 뒤 실을 40cm 남기고 자릅니다.

반대쪽도 동일한 방식으로 작업하세요.

입술 [진한분홍색]

1단 (6)	원형뜨기로 ×6 •
2단 (12)	O ✧6 •

마무리한 뒤 실을 40cm 남기고 자릅니다.

볼터치 [분홍색]

1단 (6)	원형뜨기로 ×6 •
2단 (12)	O ✧6 •

마무리한 뒤 실을 40cm 정도를 남기고 자릅니다.

반대쪽도 동일한 방식으로 작업하세요.

머리 •46쪽 타원뜨기를 참고하세요.

[살색]

	사슬뜨기	11
1단 (24)	0	(×10 ◇1)*2 •
2단 (30)	0	◇1 ×9 ◇3 ×9 ◇2 •
3단 (36)	0	×1 ◇1 ×9 (×1 ◇1)*3 ×9 (×1 ◇1)*2 •
4단 (42)	0	×1 ◇1 ×10 (×1 ◇1 ×1)*3 ×9 (×1 ◇1 ×1)*2 •
5단 (48)	0	×3 ◇1 ×9 (×3 ◇1)*3 ×9 (×3 ◇1)*2 •
6단 (54)	0	×2 ◇1 ×11 (×2 ◇1 ×2)*3 ×9 (×2 ◇1 ×2)*2 •
7단 (60)	0	×5 ◇1 ×9 (×5 ◇1)*3 ×9 (×5 ◇1)*2 •
8단 (66)	0	×3 ◇1 ×12 (×3 ◇1 ×3)*3 ×9 (×3 ◇1 ×3)*2 •
9단 (72)	0	×7 ◇1 ×9 (×7 ◇1)*3 ×9 (×7 ◇1)*2 •
10단 (78)	0	×4 ◇1 ×13 (×4 ◇1 ×4)*3 ×9 (×4 ◇1 ×4)*2 •
11~28단 (78)	0	×78 •
29단 (72)	0	(×11 ◆1)*6 •
30단 (66)	0	×5 ◆1 (×10 ◆1)*5 ×5 •
31단 (60)	0	(×9 ◆1)*6 •
32단 (54)	0	×4 ◆1 (×8 ◆1)*5 ×4 •
33단 (48)	0	(×7 ◆1)*6 •
34단 (42)	0	×3 ◆1 (×6 ◆1)*5 ×3 •
35단 (36)	0	(×5 ◆1)*6 •

둥글납작한 머리 모양을 만들며 솜을 채워 넣고 마무리한 뒤 실을 40cm 남기고 자릅니다.

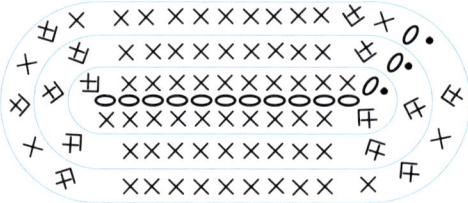

머리카락 *46쪽 타원뜨기를 참고하세요.

[갈색]

사슬뜨기 11

1단 (24)	O	(×10 ✧1)*2	•
2단 (30)	O	✧1 ×9 ✧3 ×9 ✧2	•
3단 (36)	O	×1 ✧1 ×9 (×1 ✧1)*3 ×9 (×1 ✧1)*2	•
4단 (42)	O	×1 ✧1 ×10 (×1 ✧1 ×1)*3 ×9 (×1 ✧1 ×1)*2	•
5단 (48)	O	×3 ✧1 ×9 (×3 ✧1)*3 ×9 (×3 ✧1)*2	•
6단 (54)	O	×2 ✧1 ×11 (×2 ✧1 ×2)*3 ×9 (×2 ✧1 ×2)*2	•
7단 (60)	O	×5 ✧1 ×9 (×5 ✧1)*3 ×9 (×5 ✧1)*2	•
8단 (66)	O	×3 ✧1 ×12 (×3 ✧1 ×3)*3 ×9 (×3 ✧1 ×3)*2	•
9단 (72)	O	×7 ✧1 ×9 (×7 ✧1)*3 ×9 (×7 ✧1)*2	•
10단 (78)	O	×4 ✧1 ×13 (×4 ✧1 ×4)*3 ×9 (×4 ✧1 ×4)*2	•
11~17단 (78)	O	×78	•

실을 짧게 잘라 마무리한 뒤 편물 속에 숨겨 줍니다.

아래 TIP을 참고해 첫 번째 코의 위치를 확인한 뒤 뒷머리를 시작하세요.

18단 (54)	O	×54 •
19~28단 (54)	O	×54

*42쪽 평면뜨기를 참고하세요.

마무리한 뒤 실을 40cm 남기고 자릅니다.

TIP 머리카락 뜨기

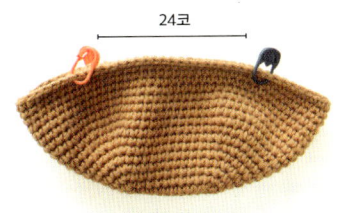  

① 17단까지 뜬 편물을 반으로 접어 납작하게 만듭니다. 좌우 단수링 사이의 간격이 24코가 되도록 걸어 주세요.

② 표시해둔 왼쪽 단수링에서 1코 바깥쪽에 실을 걸어 평면뜨기를 시작합니다. 지금부터 뒷머리뜨기가 시작되었습니다.

③ 단을 따라 뜨개질을 계속합니다. 오른쪽 단수링의 바깥쪽 1코를 만나면 방향을 바꿔 평면뜨기로 10단을 진행해 주세요. 모두 뜬 뒤에는 마무리한 뒤 실을 40cm 정도를 남기고 잘라 머리를 완성합니다.

멜빵	[진한회색]	사슬뜨기 **40**
* 42쪽 평면뜨기를 참고하세요.	1단 (40)	기둥사슬 4코 세우고 사슬산에 **×40**

마무리한 뒤 실을 10cm 남기고 자릅니다.
반대쪽도 동일한 방식으로 작업하세요.

얼굴

- **머리카락** : 앞머리가 목 경계선에서 위로 20단
- **눈** : 목 경계선에서 위로 15단, 좌우 간격 12코
- **눈썹** : 눈에서 위로 2단
- **코** : 목 경계선에서 위로 13~14단 사이
- **입** : 목 경계선에서 위로 10~11단 사이
- **볼터치** : 목 경계선에서 위로 9~14단

단추+무릎

- **단추** : 허리 경계선에서 좌우 간격 15코
- **무릎** : 발끝에서 위로 14~18단

멜빵

- **멜빵** : 허리 경계선에서 좌우 간격 17코

》 머리+몸통

① 몸통과 머리는 공그르기로 연결합니다. 바느질을 2/3 정도 진행한 뒤 솜을 빵빵하게 보충하고 다시 바느질을 끝까지 진행해 마무리합니다.

》 팔

② 돗바늘에 길게 남긴 실을 꿰어 준 뒤 위치에 맞게 팔을 감침질해 고정합니다. 양쪽 팔 모두 동일하게 작업해 주세요.

》 머리카락

③ 돗바늘에 길게 남긴 실을 꿰어 앞 머리부터 바느질을 시작합니다. 머리 전체를 한 바퀴 둘러 단단히 고정해 주세요.

》 눈

④ 눈을 수놓을 위치에 시침핀을 꽂아 표시합니다. 바느질용 흰색실에 남색 단추를 꿰어 위치에 맞게 고정해 주세요. *tip* 79쪽 곰신랑 2~5과 동일하니 참고하세요. 어두운 색 단추에 흰색 실을 사용하면 눈동자가 반짝이는 것처럼 보여요.

》 코

⑤ 돗바늘에 얼굴을 떴던 살색 실을 꿰어 준 뒤 3코 길이로 수놓습니다. 바느질을 3번 반복해 코를 입체감 있게 만들어 주세요.

》 입

⑥ 길게 남긴 실을 2갈래로 나눠 한쪽 실은 돗바늘에 꿰고 나머지는 얼굴 속에 숨겨 주세요. 입 가운데를 가로질러 바느질해 고정합니다.

⑦ 바느질한 선을 기준으로 입의 위아래를 접어주면 입체적인 입술이 완성됩니다.

» 볼터치

» 눈썹

⑧ 길게 남긴 실을 2갈래로 나눠 한쪽 실은 돗바늘에 꿰고 나머지는 돌돌 말아 볼터치 안에 숨겨 바느질합니다. 양쪽 모두 동일하게 작업해 주세요.

⑨ 바늘에 바느질용 갈색실을 꿰어 준 뒤 사진과 같은 모양으로 눈썹을 수놓아 주세요.

» 멜빵

» 무릎

⑩ 도안에서 위치를 확인한 뒤 단추를 달아 줍니다. *tip* 79쪽 곰신랑 2~5와 동일하니 참고하세요.

⑪ 몸통을 뒤집은 뒤 멜빵을 한쪽씩 달아 줍니다. 고정한 멜빵은 교차해 앞으로 넘긴 뒤 단추에 꿰어 완성합니다. *tip* 멜빵 달기는 80쪽 곰신랑 6~13과 동일하니 참고하세요.

⑫ 노란색 펠트지를 가로 2cm 세로 2.5cm 타원형으로 잘라 준비합니다. 일반 바늘에 검정색실을 꿰어 준 뒤 무릎 위치에 감침질해 고정합니다. 양쪽 모두 동일하게 작업해 주세요.

			핫도개

머리 + 몸통	[진한갈색]	1단 (6)	원형뜨기로 ×6 •
		2단 (8)	O ×2 ⊗2 ×2 •
		3단 (10)	O ×3 ⊗2 ×3 •
	[갈색]	4단 (12)	O ×4 ⊗2 ×4 •
		5단 (14)	O ×5 ⊗2 ×5 •
		6단 (16)	O ×6 ⊗2 ×6 •
		7단 (18)	O ×7 ⊗2 ×7 •
		8단 (22)	O ×3 ⊗1 ×4 ⊗2 ×4 ⊗1 ×3 •
		9단 (26)	O ×4 ⊗1 ×5 ⊗2 ×5 ⊗1 ×4 •
		10단 (30)	O ×5 ⊗1 ×6 ⊗2 ×6 ⊗1 ×5 •
		11단 (34)	O ×6 ⊗1 ×7 ⊗2 ×7 ⊗1 ×6 •
		12단 (38)	O ×7 ⊗1 ×8 ⊗2 ×8 ⊗1 ×7 •
		13단 (42)	O ×8 ⊗1 ×9 ⊗2 ×9 ⊗1 ×8 •
		14~56단 (42)	O ×42 •
		57단 (36)	O (×5 ✧1)*6 •
		58단 (30)	O ×2 ✧1 (×4 ✧1)*5 ×2 •
		59단 (24)	O (×3 ✧1)*6 •
			솜을 채워 넣습니다.
		60단 (18)	O ×1 ✧1 (×2 ✧1)*5 ×1 •
		61단 (12)	O (×1 ✧1)*6 •
		62단 (6)	O ✧6 •
			인형이 더욱 빵빵해지도록 솜을 보충해 주세요.
			돗바늘 마무리를 합니다.

귀	[진한갈색]	1단 (6)	원형뜨기로 ×6 •
		2단 (12)	O ⊗6 •
		3단 (18)	O (×1 ⊗1)*6 •
		4~7단 (18)	O ×18 •
		8단 (16)	O (×7 ✧1)*2 •
		9단 (14)	O (×6 ✧1)*2 •
		10단 (12)	O (×5 ✧1)*2 •
		11단 (10)	O (×4 ✧1)*2 •
		12단 (10)	O ×10 •
			마무리한 뒤 실을 40cm 남기고 자릅니다.
			반대쪽도 동일한 방식으로 작업하세요.

다리

[진한갈색]

단	코수	뜨기
1단	(6)	원형뜨기로 ×6 •
2단	(12)	O ✧6 •
3단	(12)	O ⵋ12 • (뒤걸어짧은뜨기를 놓치지 마세요!)

[갈색]

단	코수	뜨기
4단	(9)	O ×3 ✧3 ×3 •
5~6단	(9)	O ×9 •

<u>1/3 정도 솜을 채워 넣고 마무리한 뒤 실을 40cm 남기고 자릅니다.</u>
<u>전체 과정을 4번 반복해 다리 4개를 완성하세요.</u>

꼬리

[진한갈색]

단	코수	뜨기
1단	(6)	원형뜨기로 ×6 •
2단	(12)	O ✧6 •
3~5단	(12)	O ×12 •
6단	(9)	O (×2 ✧1)*3 •
7~8단	(9)	O ×9 •
9단	(6)	O (×1 ✧1)*3 •
10~11단	(6)	O ×6 •

<u>1/2 정도 솜을 채워 넣고 마무리한 뒤 실을 40cm 남기고 자릅니다.</u>

모자

[진한분홍색]

단	코수	뜨기
1단	(6)	원형뜨기로 ×6 •
2단	(12)	O ✧6 •
3단	(12)	O ×12 •

[진한갈색]

단	코수	뜨기
4단	(12)	O ×12 •

[진한분홍색]

단	코수	뜨기
5단	(18)	O (×1 ✧1)*6 •
6단	(24)	O ×1 ✧1 (×2 ✧1)*5 ×1 •

<u>마무리한 뒤 실을 40cm 남기고 자릅니다.</u>

목도리

*42쪽 평면뜨기를 참고하세요.

[연두색]

사슬뜨기 50

단	코수	뜨기
1단	(50)	기둥사슬 3코 세우고 사슬산에 ⊤50

<u>마무리한 뒤 실을 10cm 남기고 자릅니다.</u>

얼굴+목도리

꼬리

- **귀** : 코끝에서 17~21단 머리, 머리끝에서 아래로 6번째 코
- **눈** : 코끝에서 13~14단, 턱끝에서 위로 12번째 코
- **눈썹** : 코끝에서 14~15단, 눈에서 2코 위
- **목도리** : 코끝에서 23~24단

- **꼬리** : 엉덩이 중심에서 위로 6단

다리

- **앞다리** : 코끝에서 23~27단, 좌우 간격 8코
- **뒷다리** : 코끝에서 48~51단, 좌우 간격 10코

》 다리

》 귀

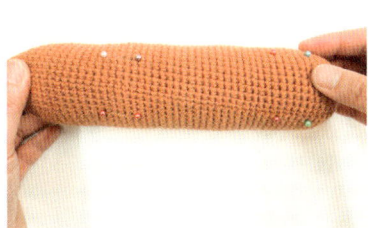

① 다리가 달릴 위치에 시침핀을 꽂아 표시합니다.

② 다리를 반으로 접어 납작하게 만든 뒤 돗바늘에 길게 남긴 실을 꿰어 준비합니다. 뒤에서 앞쪽으로 감침질해 고정해 주세요. 4개의 다리 모두 동일하게 작업합니다.

③ 귀 위치에 시침핀을 꽂아 표시합니다. 귀를 반으로 접어 납작하게 만든 뒤 돗바늘에 길게 남긴 실을 꿰어 바느질합니다. 양쪽 귀 모두 동일하게 작업해 주세요.

» 눈 + 눈썹

④ 눈 위치에 시침핀을 꽂아 표시합니다. 돗바늘에 콩단추를 끼운 바느질용 실을 꿰어 눈을 달아 줍니다.
tip 72쪽 엉뚱곰 14~17과 동일하니 참고하세요.

⑤ 눈썹 위치를 확인한 뒤 일반 바늘에 바느질용 진한갈색실을 꿰어 매듭 짓습니다. 위치에 맞춰 눈썹을 수놓아 주세요. 눈썹의 끝머리가 비스듬히 아래를 향할 수 있도록 합니다.

» 꼬리

» 모자

⑥ 1/2 정도 솜을 채워 넣은 뒤 돗바늘에 길게 남긴 실을 꿰어 준비합니다. 꼬리의 위치를 확인한 뒤 바느질해 고정합니다.

⑦ 돗바늘에 길게 남긴 실을 꿰고 바늘을 모자 4~5단 사이로 빼냅니다. 머리 중앙에 바느질해 고정해 주세요.

» 목도리

⑧ 실이 길게 남은 쪽 끝에서부터 4단에 단추를 달아 줍니다.

⑨ 멜빵 다는 법을 응용해 목도리를 위치에 맞게 고정한 뒤 단추를 꿰어 완성합니다. *tip* 80쪽 곰신랑 6~13과 동일하니 참고하세요.

크로보 N29100716은 2910년 화성에서 아기를 돌보기 위해 개발된 로봇이에요.
10년째 훌륭한 아기돌보미로 활동하던 2920년 어느 날,
돌보던 아이를 구하려던 크로보는 머리에 상처를 입고 쓰러지고 말았습니다.
정신을 차리고 눈을 떴을 땐 이미 지구로 돌아가는 우주선 안이었지요.
그제야 처음 제대로 바라본 아름다운 우주의 모습에 반한 크로보는
지구에 도착하는 대로 우주비행 로봇이 되기로 결심했어요.
우리 모두 크로보가 새로운 꿈을 이루어낼 수 있도록 힘차게 응원해 줍시다!

우주여행
삐리삐리

11 | 크로보 (28cm)

실
- 겨자색(12번) 30g
- 진한풀색(52번) 25g
- 풀색(51번) 25g

바늘 모사용 코바늘 5호, 돗바늘, 일반 바늘

기타 눈 단추(지름 20mm) 2개
팔 다리 연결 단추(지름 13mm) 4개
장식 단추(지름 13mm) 2개
바느질용 실

12 | 로켓 (17cm)

실
- 겨자색(12번) 20g
- 진한풀색(52번) 20g
- 풀색(51번) 10g

바늘 모사용 코바늘 5호, 돗바늘, 일반 바늘

기타 장식 단추 (지름 8mm) 3개
바느질용 실

크로보

*크로보 [머리]는 42쪽 평면뜨기를 참고하세요.

머리 앞뒤
[머리1, 머리2]

[겨자색]

1단 (20)	사슬뜨기 20
2~17단 (20)	기둥사슬 1코 세우고 사슬산에 ×20
	기둥사슬 1코 세우고 아랫단 코에 ×20

마무리한 뒤 실을 짧게 잘라 머리1을 완성합니다.
동일한 과정을 반복해 머리2를 작업합니다.

머리 좌우
[머리3, 머리4]

[진한풀색]

1단 (10)	사슬뜨기 10
2~17단 (10)	기둥사슬 1코 세우고 사슬산에 ×10
	기둥사슬 1코 세우고 아랫단 코에 ×10

마무리한 뒤 실을 짧게 잘라 머리3을 완성합니다.
동일한 과정을 반복해 머리4를 작업합니다.

머리 위아래
[머리5, 머리6]

[풀색]

1단 (20)	사슬뜨기 20
2~10단 (20)	기둥사슬 1코 세우고 사슬산에 ×20
	기둥사슬 1코 세우고 아랫단 코에 ×20

마무리한 뒤 실을 짧게 잘라 머리5를 완성합니다.
동일한 과정을 반복해 머리6을 작업합니다.

머리 꼭지

[진한풀색]

1단 (6)	원형뜨기로 ×6 •
2단 (12)	0 ✧6 •
3단 (12)	0 ↻12 •
4단 (6)	0 ✧6 • (이랑뜨기를 놓치지 마세요!)
5~9단 (6)	0 ×6 •

마무리한 뒤 실을 40cm 남기고 자릅니다.

귀

[풀색]
- 1단 (6)   원형뜨기로 ×6 •
- 2단 (12) 0 ⊗6 •
- 3단 (12) 0 ℃12 •

[겨자색]
- 4~5단 (12) 0 ×12 •

[풀색]
- 6단 (18) 0 (x̄1 ⊗1)*6 • (앞이랑뜨기를 놓치지 마세요!)

2/3 정도 솜을 채워 넣고 마무리한 뒤 실을 40cm 남기고 자릅니다.
반대쪽도 동일한 방식으로 작업하세요.

몸통

[겨자색]
- 1단 (6)   원형뜨기로 ×6 •
- 2단 (12) 0 ⊗6 •
- 3단 (18) 0 (×1 ⊗1)*6 •
- 4단 (24) 0 ×1 ⊗1 (×2 ⊗1)*5 ×1 •
- 5단 (30) 0 (×3 ⊗1)*6 •
- 6단 (36) 0 ×2 ⊗1 (×4 ⊗1)*5 ×2 •
- 7단 (36) 0 ℃36 •
- 8~10단 (36) 0 ×36 •

[진한풀색]
- 11~17단 (36) 0 ×36 •
- 18단 (33) 0 ×5 ✧1 (×10 ✧1)*2 ×5 •
- 19~20단 (33) 0 ×33 •
- 21단 (30) 0 (×9 ✧1)*3 •
- 22~23단 (30) 0 ×30 •

마무리한 뒤 실을 40cm 남기고 자릅니다.

엄지

[겨자색]
- 1단 (6)   원형뜨기로 ×6 •
- 2~3단 (6) 0 ×6 •

마무리한 뒤 실을 짧게 자르고 편물 속에 숨겨 완성합니다.
반대쪽도 동일한 방식으로 작업하세요.

팔	[겨자색]	1단 (6)	원형뜨기로 ×6 •
		2단 (12)	0 ✧6 •
		3~4단 (12)	0 ×12 •
		5단 (18)	0 ×6 (마지막 6코를 남겨 주세요.)
			앞에서 만든 엄지 두 번째 코에 실 걸어 ×6
			남은 6코에 ×6 •

[손과 엄지 연결]

		6단 (18)	0 ×18 •
		7단 (12)	0 (×1 ✧1)*6 •
		8~9단 (12)	0 ×12 •
			손끝 모양을 신경 쓰며 솜을 채워 넣습니다.
	[풀색 진한풀색 겨자색]	10~21단 (12)	0 ×12 •
			10단부터 21단까지 3가지 색상을 2단씩 교대로 바꿔가며 뜹니다.
	[풀색]	22~23단 (12)	0 ×12 •
	[진한풀색]	24~26단 (12)	0 ×12 •
			솜을 채워 넣습니다.
		27단 (6)	0 ✧6 •
			빵빵하게 솜을 채워 넣고 돗바늘 마무리를 합니다.
			반대쪽도 동일한 방식으로 작업하세요.

다리

[겨자색]
- 1단 (6) 원형뜨기로 ×6 •
- 2단 (12) 0 ⊗6 •
- 3단 (24) 0 ⊗12 •
- 4단 (24) 0 ⌇24 •

[진한풀색]
- 5~6단 (24) 0 ×24 •
- 7단 (18) 0 ×6 ⊗6 ×6 •
- 8단 (14) 0 ×5 ⊗4 ×5 •
- 9~11단 (14) 0 ×14 •

[풀색]
- 12~17단 (14) 0 ×14 •

[겨자색]
- 18~26단 (14) 0 ×14 •

솜을 채워 넣습니다.

- 27단 (7) 0 ⊗7 •

빵빵하게 솜을 채워 넣고 돗바늘 마무리를 합니다
반대쪽도 동일한 방식으로 작업하세요.

얼굴 + 머리꼭지

앞

- **눈** : 머리 맨 아랫단에서 위로 10단, 좌우 간격 8코
- **입** : 머리 맨 아랫단에서 위로 5~6단 사이, 13코 길이
- **이마 상처** : 머리 맨 윗단에서 아래로 3~5단
- **머리 꼭지** : 정수리 한가운데

귀

옆

- **귀** : 머리 맨 아랫단에서 위로 7~11단

팔+다리

옆

- **팔** : 목 경계선에서 아래로 2~3단 사이
- **다리** : 몸통 맨 아랫단에서 위로 9~10단 사이

장식 단추

앞

- **단추** : 목 경계선에서 아래로 4단, 7단

» 머리 앞뒤+좌우

1. 머리를 조립하기 전 남은 실을 정리합니다. 길게 남긴 실을 돗바늘에 꿰어 준 뒤 뒤쪽 짜임 사이에 넣어 숨깁니다. *tip* 50쪽 실 숨기기를 참고하세요.

2. 6개의 머리 조각을 모두 동일하게 작업한 뒤 사진과 같은 모양으로 배열합니다.

tip

3. 머리1과 머리3을 마주잡은 뒤 첫 번째 코에 바늘을 끼워 넣습니다.

머리를 서로 연결할 때 첫 코의 위치와 뜨개질 방향을 표시해 두었으니 참고하세요.

4. 새로운 겨자색실을 바늘에 감아 줍니다.

5 그대로 기둥사슬(○)을 1코 뜹니다.

6 꼬리실을 머리1과 머리3 사이에 끼워 정리해 주세요.

7 그 상태에서 편물의 끝까지 짧은뜨기(×)를 이어갑니다.

8 짧은뜨기를 마무리 한뒤 남은 실은 돗바늘에 끼워 편물 안쪽에 숨겨주세요. 실을 짧게 잘라 마무리합니다.

9 동일한 방식으로 나머지 머리도 연결합니다.

》 머리 위+머리 아래

tip

10 머리 윗면(머리5)을 위치에 맞게 놓은 뒤 둘레를 따라 짧은뜨기해 연결합니다.

머리5와 머리6을 연결할 때 첫 코의 위치와 뜨개질 방향을 표시해 두었으니 참고하세요.

11 마지막 코와 첫 코를 빼뜨기(•)로 연결해 마무리합니다. 남은 실은 짧게 잘라 정리합니다.

> **머리+몸통**

⑫ 머리6도 동일한 방식으로 연결합니다. 20코 남았을 때 솜을 2/3 정도 채워 넣고 5코 남았을 때 솜을 더 빵빵하게 채워 넣습니다. 남은 5코를 마저 뜬 후 실을 정리해 완성합니다.

⑬ 얼굴 아랫면(머리6)에 수성펜으로 몸통 위치를 표시합니다.

⑭ 돗바늘에 길게 남긴 실을 꿰어 준 뒤 표시한 위치에 맞춰 공그르기로 연결합니다.

> **머리 꼭지**   > **귀**

⑮ 머리 윗면(머리5) 정중앙에 수성펜으로 머리 꼭지 위치를 표시한 뒤 돗바늘에 길게 남긴 실을 꿰어 감침질로 연결합니다.

⑯ 수성펜으로 머리 양옆에 귀 위치를 표시합니다. 돗바늘에 길게 남긴 실을 꿰어 귀 5~6단 사이로 바늘을 빼낸 뒤 표시한 위치에 바느질해 고정합니다. 양쪽 모두 동일하게 작업하세요.

> **눈**   > **입**

⑰ 일반 바늘에 바느질용 검정색실을 꿰어준 뒤 눈 단추를 달아 주세요. *tip* 양쪽 눈의 바느질 방향을 달리하면 크로보의 표정이 더욱 살아나요.

⑱ 돗바늘에 진한풀색실을 꿰고 도톰하게 매듭짓습니다. 위치에 맞춰 입을 수놓아 주세요. *tip* 73쪽 엉뚱곰 21~26를 참고하세요.

» 이마 상처

⑲ 동일한 방식으로 크로보 이마의 상처도 수놓습니다.

» 장식 단추

⑳ 도안에서 위치를 확인한 뒤 단추를 달아 줍니다. *tip* 79쪽 곰신랑 2~5와 동일하니 참고하세요.

» 팔+다리

㉑ 각각 돗바늘 마무리한 팔과 다리는 단추로 연결해 움직일 수 있도록 할 거예요. 도안에서 각각의 위치를 확인한 뒤 정렬해 준비합니다.

㉒ 긴 바늘에 바느질용 실을 꿰어 단추 - 팔A - 몸통 - 팔B - 단추 순으로 한꺼번에 꿰어 줍니다. 바느질을 3~4번 반복해 단단히 고정하세요.

㉓ 팔과 동일한 방식으로 다리도 몸통에 고정해 크로보를 완성합니다.

로켓

몸통

[진한풀색]

단			
1단 (6)	원형뜨기로 ×6 •		
2단 (9)	0 (×1 ✧1)*3 •		
3단 (12)	0 ×1 ✧1 (×2 ✧1)*2 ×1 •		
4단 (15)	0 (×3 ✧1)*3 •		
5단 (15)	0 ×15 •		
6단 (18)	0 ×2 ✧1 (×4 ✧1)*2 ×2 •		
7단 (18)	0 ×18 •		
8단 (21)	0 (×5 ✧1)*3 •		

[겨자색]

9단 (21)	0 ×21 •
10단 (24)	0 ×3 ✧1 (×6 ✧1)*2 ×3 •
11단 (24)	0 ×24 •
12단 (27)	0 (×7 ✧1)*3 •
13단 (27)	0 ×27 •
14단 (30)	0 ×4 ✧1 (×8 ✧1)*2 ×4 •
15~16단 (30)	0 ×30 •
17단 (33)	0 (×9 ✧1)*3 •
18~19단 (33)	0 ×33 •
20단 (36)	0 ×5 ✧1 (×10 ✧1)*2 ×5 •
21~22단 (36)	0 ×36 •
23단 (39)	0 (×11 ✧1)*3 •
24~25단 (39)	0 ×39 •
26단 (42)	0 ×6 ✧1 (×12 ✧1)*2 ×6 •
27~29단 (42)	0 ×42 •

[진한풀색]

30~36단 (42)	0 ×42 •
37단 (36)	0 (×5 ✧1)*6 •
38단 (24)	0 (×1 ✦1)*12 • (이랑뜨기를 놓치지 마세요!)

솜을 채워 넣습니다.

39단 (18)	0 ×1 ✧1 (×2 ✧1)*5 ×1 •
40단 (12)	0 (×1 ✧1)*6 •
41단 (6)	0 ✧6 •

빵빵하게 솜을 채워 넣고 돗바늘 마무리를 합니다.

날개 [풀색]

* 46쪽 타원뜨기를 참고하세요.

사슬뜨기 **12**

1단 (24)	O ×24 •
2~5단 (24)	O ◇1 ×9 ◇2 ×9 ◇1 •

2/3 정도 솜을 채워 넣고 마무리한 뒤 실을 40cm 남기고 자릅니다.
반대쪽도 동일한 방식으로 작업하세요.

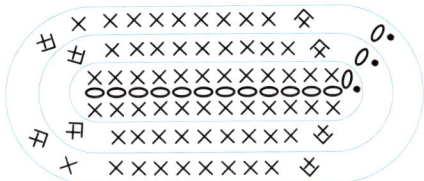

창문 [겨자색]

1단 (6)	원형뜨기로 ×6 •
2단 (12)	O ◇6 •
3단 (18)	O (×1 ◇1)*6 •

[풀색]

4단 (24)	O ×1 ◇1 (×2 ◇1)*5 ×1 •
5단 (24)	O ⌒24 •

마무리한 뒤 실을 40cm 남기고 자릅니다.

창문 + 날개

- **창문** : 위에서 아래로 13~19단
- **날개** : 위에서 아래로 24~34단
- **단추** : 위에서 아래로 각 22, 25, 28단

》 창문

1. 수성펜으로 창문 위치를 표시합니다.

2. 길게 남긴 실을 2갈래로 나눠 한쪽 실은 돗바늘에 꿰고 나머지는 돌돌 말아 창문 안에 숨겨 줍니다.

3. 창문을 바느질해 고정합니다. 바느질을 2/3 정도 진행했을 때 창문 안에 솜을 채워 넣고 다시 바느질을 이어가 단단히 고정해 주세요.

》 단추

4. 단추 위치에 시침핀을 꽂아 표시한 뒤 일반 바늘에 바느질용 흰색 실을 꿰어 단추를 달아 줍니다.

》 날개

5. 수성펜으로 날개의 위치를 표시합니다. 돗바늘에 길게 남긴 실을 꿰어 바느질을 준비해 주세요.

6. 아래에서부터 위로 바느질합니다. 양쪽 모두 동일하게 작업해 주세요.

으슬으슬 찬바람이 불기 시작하면
가장 먼저 떠오르는 따숩군과 따술개.
때로는 쓸쓸한 내 무릎 위에서 때로는 시린 옆구리에서
내 몸을 녹여주는 고마운 친구들이랍니다.
사랑스러운 두 명의 친구들
덕분에 이번 겨울에는 매서운 찬바람도
두렵지 않을 것 같아요.

함께라면 따뜻해

13 따숨군 (다리 길이 제외 세로 30cm, 가로 20cm)

실
- 갈색(60번) 50g
- 베이지색(59번) 50g
- 남색(40번) 30g
- 진한갈색(62번) 25g
- 파란색(36번) 20g
- 노란색(10번) 20g
- 빨간색(26번) 10g
- 연한베이지색(7번) 20g
- 분홍색(20번) 10g

바늘 모사용 코바늘 5호, 돗바늘, 일반 바늘

기타 물주머니 2L
멜빵 단추 (지름 13mm) 2개
바느질용 실

14 따숨개 (다리 길이 제외 세로 23cm, 가로 15cm)

실
- 베이지색(59번) 40g
- 진한갈색(62번) 30g
- 남색(40번) 20g
- 파란색(36번) 15g
- 노란색(10번) 15g
- 빨간색(26번) 10g
- 연한베이지색(7번) 15g

바늘 모사용 코바늘 5호, 돗바늘, 일반 바늘

기타 물주머니 0.7L
눈 단추 (지름 8mm) 2개,
코 단추 (지름 13mm) 1개
멜빵 단추 (지름13mm) 2개
바느질용 실

따숲군

다리
+
몸통
+
얼굴

[갈색]

단		
1단 (6)	원형뜨기로 ×6 •	
2단 (12)	0 ❖6 •	
3단 (18)	0 (×1 ❖1)*6 •	
4단 (24)	0 ×6 ❖6 ×6 •	
5단 (24)	0 ×24 •	
6단 (18)	0 ×6 ✧6 ×6 •	
7단 (14)	0 ×5 ✧4 ×5 •	
8단 (11)	0 ×4 ✧3 ×4 •	
9~10단 (11)	0 ×11 •	

[남색]

11~18단 (11)   0   ×11 •

발끝 모양을 신경 쓰며 솜을 채워 넣습니다.

다리A의 실을 잘라 마무리한 뒤 1~18단을 반복해 다리B를 뜹니다.

19단 (82)   다리B에서 0   ×9 (마지막 2코는 남겨 주세요.)

사슬뜨기 30

다리A 네 번째 코에 사슬을 연결 후 ×11

사슬에서 ×30 (이랑뜨기를 놓치지 마세요!)

다리B 남겨둔 2코에 ×2 •

20단 (82)   다리B에서 0   ×9

사슬에서 ×30 (이랑뜨기를 놓치지 마세요!)

다리A에서 ×43 •

21~29단 (82)   0   ×82 •

[노란색
파란색
진한갈색
연한베이지색]

30~41단 (82)   0   ×82 •

30부터 41단까지 4가지 색상을 1단씩 교대로 바꿔가며 뜹니다.

[베이지색]   42~58단 (82)   0   ×82 •

여기까지 완성했다면 잠시 뜨개를 멈추고 팔과 얼굴을 조립합니다.

모든 조립을 끝낸 다음 머리카락을 이어 떠 주세요.

팔	[베이지색]	1단 (6)	원형뜨기로 ×6
		2단 (12)	0 ❖6 •
		3~4단 (12)	0 ×12 •
		5단 (8)	0 (×1 ❖1)*4 •

[연한베이지색
진한갈색
파란색
노란색]

6~17단 (8)　　6단부터 17단까지 4가지 색상을 1단씩 교대로 바꿔가며 뜹니다.

0 ×8 •

2/3 정도 솜을 채워 넣고 마무리한 뒤 실을 40cm 남기고 자릅니다.
반대쪽도 동일한 방식으로 작업하세요.

입술

[빨간색]

1단 (6)　원형뜨기로 ×6 •
2단 (12)　0 ❖6 •

마무리한 뒤 실을 40cm 남기고 자릅니다.

볼터치

[분홍색]

1단 (6)　원형뜨기로 ×6 •
2단 (12)　0 ❖6 •
3단 (18)　0 (×1 ❖1)*6 •

마무리한 뒤 실을 40cm 남기고 자릅니다.
반대쪽도 동일한 방식으로 작업하세요.

멜빵

* 42쪽 평면뜨기를 참고하세요.

[빨간색]

1단 (24)　사슬뜨기 24
　　　　　사슬기둥 5코 세우고 사슬산에 ×24

마무리한 뒤 실을 10cm 남기고 자릅니다.
반대쪽도 동일한 방식으로 작업하세요.

머리카락 [갈색]

149쪽~151쪽 팔과 얼굴 조립을 모두 완성한 뒤 작업하세요.

59단 (82)	0	×82	•						
60단 (82)	0	×82	(이랑뜨기를 놓치지 마세요!)						
61~72단 (82)	0	×82	•						
73단 (80)	0	×8	⋀1	×39	⋀1	×31	•		
74단 (78)	0	×7	⋀1	×38	⋀1	×31	•		
75단 (74)	0	×6	⋀2	×35	⋀2	×29	•		
76단 (70)	0	×5	⋀2	×33	⋀2	×28	•		
77단 (66)	0	×4	⋀2	×31	⋀2	×27	•		
78단 (62)	0	×3	⋀2	×29	⋀2	×26	•		
79단 (58)	0	×2	⋀2	×27	⋀2	×25	•		
80단 (52)	0	⋀3	×23	⋀3	×23	•			
81~90단 (52)	0	×52	•						

마무리한 뒤 실을 짧게 자르고 편물 속에 숨겨 완성합니다.

앞머리 [갈색]

따숩군의 머리가 아래를 향하도록 뒤집은 상태에서
[머리카락] 59단 마지막 코부터 앞쪽 반코에 실을 걸고 시작합니다.

1단 (84)	0	(×40	⋁1)*2	•	
2단 (84)	0	(×1	🪭1)*14	•	

마무리한 뒤 실을 짧게 자르고 편물 속에 숨겨 완성합니다.

[따숩군 앞머리]

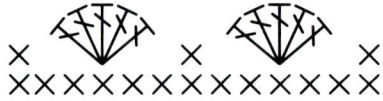

얼굴+팔+단추

앞

멜빵

뒤

- **눈** : 목 경계선에서 위로 10~11단, 좌우 간격 15코
- **눈썹** : 눈에서 위로 2단
- **코** : 목 경계선에서 위로 9~10단 사이
- **입** : 목 경계선에서 위로 5~6단 사이
- **볼터치** : 목 경계선에서 위로 5~10단
- **단추** : 바지 경계선에서 좌우 간격 28코
- **팔** : 바지와 목 경계선 사이

- **멜빵** : 바지 경계선에서 좌우 간격 28코

» 팔

① 돗바늘에 길게 남긴 실을 꿰어 준 뒤 팔을 감침질해 고정합니다. 양쪽 팔 모두 동일하게 작업해 주세요.

② 팔을 고정하고 남은 실은 편물 안에 숨겨 주세요.

tip

따숩군과 따숩개는 안쪽 면이 개방되는 형태이기 때문에 바느질 전후 깔끔한 실 정리가 반드시 필요해요. 실 숨기는 법은 50쪽에 자세히 설명해 두었으니 참고해 주세요. 이 과정은 조립이 끝날 때마다 반복해 주세요.

» 멜빵

③ 몸통을 뒤집어 멜빵을 한쪽씩 달아 줍니다. tip 80쪽 곰신랑 6~11과 동일하니 참고하세요.

④ 안쪽으로 넣은 실은 편물 안에서 한 번 묶어 주세요.

⑤ 길게 남긴 실은 돗바늘에 한꺼번에 꿰고 안쪽 뜨개 사이로 숨겨준 뒤 짧게 잘라 정리합니다.

⑥ 몸통을 뒤집어 단추의 위치를 확인한 뒤 한쪽씩 달아 줍니다. 앞으로 넘어온 멜빵을 단추에 끼워 마무리 합니다. tip 79쪽 곰신랑 2~5와 동일하니 참고하세요.

» 눈

⑦ 눈 위치에 시침핀을 꽂아 표시해 주세요.

⑧ 돗바늘에 남색실을 꿰어 편물 안쪽에서 바느질을 시작해 주세요. 눈 위치에서 5코 바깥쪽에 바늘을 끼운 뒤 눈 위치까지 이동시킵니다.

⑨ 이때 실의 끝이 편물 안쪽에 묻히는 것을 확인할 수 있습니다. tip 따숨군과 따숨개는 얼굴을 조립할 때 더 깔끔한 마무리를 위해 매듭 대신 이 방식을 활용합니다.

⑩ 2단 높이로 눈을 수놓아 주세요. 바느질을 2~3번 반복해 눈을 입체감 있게 만듭니다.

⑪ 반대쪽 눈 위치까지 실을 끌고 온 뒤 동일한 방식으로 눈을 수놓아 완성합니다. 남은 실은 짧게 잘라 정리해 주세요.

» 코

⑫ 코 위치에 시침핀을 꽂아 표시합니다. 눈을 수놓은 것과 동일한 방식으로 코를 수놓습니다.

» 입술

⑬ 입술 위치에 편물을 놓고 가운데를 가로질러 바느질해 입술을 고정합니다. *tip* 123쪽 빵빵이 6~7과 동일하니 참고하세요.

» 볼터치

⑭ 길게 남은 실을 2가닥으로 나눠 한쪽 실은 돌돌 말아 볼터치 아래에 숨기고 남은 한쪽 실은 돗바늘에 꿰어 준 뒤 위치에 맞게 고정합니다. 양쪽 모두 동일하게 작업해 주세요.

» 눈썹

⑮ 돗바늘에 진한갈색실을 꿰어 준 뒤 사진과 같은 모양으로 수놓습니다. 이제 얼굴을 모두 완성했어요. 다시 148쪽 도안으로 돌아가 머리카락을 마저 떠 주세요.

» 앞머리

⑯ 머리카락을 모두 뜨고 실 정리까지 마무리한 뒤 진행합니다. 몸통을 뒤집어 머리가 아래를 향한 상태에서 머리카락의 마지막 코부터 앞쪽 반코에 실을 걸어 짧은뜨기(X)를 1단 진행해 주세요.

⑰ 앞머리 2단에서 조개무늬뜨기(◈)를 진행합니다. 머리를 빙 둘러 한 바퀴 떠 주면 앞머리가 완성돼요. 뜨개를 마무리한 뒤 남은 실을 편물 안쪽에 숨겨 따숩군을 완성합니다.

따숨개

다리 + 몸통 + 얼굴	[진한갈색]	1단 (6)	원형뜨기로 ×6 •						
		2단 (12)	0 ❖6 •						
		3단 (12)	0 ×12 •						
		4단 (8)	0 ×2 ❖4 ×2 •						
		5단 (8)	0 ×8 •						
	[남색]	6~7단 (8)	0 ×8 •						

발끝 모양을 신경 쓰며 솜을 채워 넣습니다.
다리A의 실을 잘라 마무리한 뒤 1~7단을 반복해 다리B를 뜹니다.

8단 (66)	다리B에서 0 ×6 (마지막 2코는 남겨 주세요.)	
	사슬뜨기 25	
	다리A 세 번째 코에 사슬 연결 후 ×8	
	사슬에서 ×25 (이랑뜨기를 놓치지 마세요!)	
	다리B 남겨둔 2코에 ×2 •	
9단 (66)	다리B에서 0 ×6	
	사슬에서 ×25 (이랑뜨기를 놓치지 마세요!)	
	다리A에서 ×35 •	
10~15단 (66)	0 ×66 •	

[노란색
파란색
진한갈색
연한베이지색]

16부터 27단까지 4가지 색상을 1단씩 교대로 바꿔가며 뜹니다.

16~27단 (66)	0 ×66 •

[베이지색]

28~47단 (66)	0 ×66 •
48단 (64)	0 ×5 ❖1 ×31 ❖1 ×26 •
49단 (62)	0 ×5 ❖1 ×30 ❖1 ×25 •
50단 (60)	0 ×5 ❖1 ×29 ❖1 ×24 •
51단 (58)	0 ×4 ❖1 ×28 ❖1 ×24 •
52단 (54)	0 ×3 ❖2 ×25 ❖2 ×22 •

여기까지 완성했다면 잠시 뜨개를 멈추고 팔과 얼굴을 조립합니다.
모든 조립을 끝낸 다음 머리를 이어 떠 주세요.

53단 (48)	0 ×2 ❖3 ×21 ❖3 ×19 •
54단 (42)	0 ❖3 ×18 ❖3 ×18 •
55~64단 (42)	0 ×42 •

마무리한 뒤 실을 짧게 자르고 편물 속에 숨겨 완성합니다.

팔

[베이지색]

단	코수	뜨기
단 (6)		원형뜨기로 ×6 •
2단 (8)		0 (×2 ⊗1)*2 •
3단 (8)		0 ×8 •
4단 (6)		0 (×2 ⊙1)*2 •

[진한갈색]
[파란색]
[노란색]
[연한베이지색]

5~10단 (6)

5단부터 10단까지 4가지 색상을 1단씩 교대로 바꿔가며 뜹니다.

0 ×6 •

2/3정도 솜을 채워 넣고 마무리한 뒤 실을 40cm 남기고 자릅니다.
반대쪽도 동일한 방식으로 작업하세요.

귀

[진한갈색]

1단 (6)	원형뜨기로 ×6 •
2단 (12)	0 ⊗6 •
3단 (18)	0 (×1 ⊗1)*6 •
4단 (24)	0 ×1 ⊗1 (×2 ⊗1)*5 ×1 •
5~7단 (24)	0 ×24 •
8단 (22)	0 (×10 ⊙1)*2 •
9단 (20)	0 (×9 ⊙1)*2 •
10단 (18)	0 (×8 ⊙1)*2 •
11단 (16)	0 (×7 ⊙1)*2 •
12단 (14)	0 (×6 ⊙1)*2 •
13단 (12)	0 (×5 ⊙1)*2 •

마무리한 뒤 실을 40cm 남기고 자릅니다.
반대쪽도 동일한 방식으로 작업하세요.

멜빵

[빨간색]

* 42쪽 평면뜨기를 참고하세요.

사슬뜨기 **24**

1단 (24) 기둥사슬 4코 세우고 사슬산에 **×24**

마무리한 뒤 실을 10cm 남기고 자릅니다.
반대쪽도 동일한 방식으로 작업하세요.

눈두덩이 [진한갈색]

1단 (6)	원형뜨기로 ×6 •
2단 (12)	O ✧6 •
3단 (18)	O (×1 ✧1)*6 •
4단 (24)	O ×1 ✧1 (×2 ✧1)*5 ×1 •

마무리한 뒤 실을 40cm 남기고 자릅니다.

얼굴+단추

앞

- 눈 : 목 경계선에서 위로 12단, 좌우 간격 13코
- 코 : 목 경계선에서 위로 11단
- 눈두덩이 : 목 경계선에서 위로 8~16단
- 입 : 목 경계선에서 위로 5~10단
- 눈썹 : 목 경계선에서 위로 18~19단

멜빵

뒤

- 멜빵 : 바지 경계선에서 좌우 간격 28코

》팔

❶ 돗바늘에 길게 남긴 실을 꿰어 팔을 감침질해 고정합니다. 남은 실은 편물 안쪽에서 정리합니다. 양쪽 모두 동일하게 작업해 주세요. *tip* 149쪽 따숩군 1~2와 동일하니 참고하세요.

》멜빵

❷ 올바른 위치에 단추와 멜빵을 달아 줍니다. *tip* 150쪽 따숩군 3~6과 동일하니 참고하세요.

》귀

❸ 귀 위치에 시침핀을 꽂아 표시합니다. 귀를 납작하게 만든 뒤 돗바늘에 길게 남긴 실을 꿰어 바느질합니다. 양쪽 귀 모두 동일하게 작업해 주세요.

❹ 귀를 고정하고 남은 실은 편물 안쪽에서 숨겨 주세요.

》눈두덩이+눈

❺ 길게 남긴 실을 2갈래로 나눠 한쪽 실은 돗바늘에 꿰고 나머지는 돌돌 말아 눈두덩이 안에 숨겨 바느질합니다.

❻ 일반 바늘에 바느질용 흰색실을 꿰어 준 뒤 눈 단추를 달아 주세요. *tip* 79쪽 곰신랑 2~5와 동일하니 참고하세요. 어두운 색 단추에 흰색 실을 사용하면 눈동자가 반짝이는 것처럼 보여요.

》눈썹+입

❼ 일반 바늘에 바느질용 진한갈색실을 꿰어 준 뒤 사진과 같은 모양으로 눈썹과 입을 수놓습니다.

》코

❽ 수놓은 입 위쪽 끝에 코 단추를 바느질해 달아 줍니다. 이제 얼굴 조립은 모두 끝났습니다. 다시 152쪽 도안으로 돌아가 머리를 마저 떠 따숩개를 완성하세요.

오늘은 납작군과 납작양이 첫 데이트 하는 날!
납작양이 좋아하는 북 카페에 가
그녀가 좋아하는 책을 읽으며 함께
시간을 보내기로 했답니다.
함께 책을 읽던 중 살며시 어깨에 기대는 그녀!
심장이 쿵쾅거려 납작군은
도저히 책을 읽을 수가 없어요!

알콩달콩 투닥투닥
납작커플

15 　납작군 (47cm)

실
- 살색(3번) 40g
- 진한갈색(62번) 30g
- 크림색(4번) 25g
- 연한노란색(8번) 20g
- 갈색(60번) 20g
- 진한민트색(35번) 20g
- 연한민트색(33번) 20g
- 연한회색(65번) 25g
- 연한분홍색(18번) 100cm

바늘 모사용 코바늘 5호, 돗바늘, 일반 바늘

기타 멜빵 단추(지름 13mm) 2개
코 단추(지름 13mm) 1개
신발 단추(지름 8mm) 2개
바느질용 실

16 　납작양 (47cm)

실
- 베이지색(59번) 40g
- 진한갈색(62번) 30g
- 크림색(4번) 25g
- 연한노란색(8번) 20g
- 연한회색(65번) 25g
- 겨자색(12번) 25g
- 연한분홍색(18번) 20g
- 중간분홍색(20번) 20g
- 진한분홍색(27번) 15g

바늘 모사용 코바늘 5호, 돗바늘, 일반 바늘

기타 멜빵 단추(지름 13mm) 2개
코 단추(지름 13mm) 1개
신발 단추(지름 8mm) 2개
바느질용 실

납작군

발 (양말) + 다리   *46쪽 타원뜨기를 참고하세요.

[크림색]

사슬뜨기 **8**

단			
1단 (18)	0	(×7 ❈1)*2	•
2단 (24)	0	❈1 ×6 ❈3 ×6 ❈2	•
3단 (30)	0	×1 ❈1 ×6 (×1 ❈1)*3 ×6 (×1 ❈1)*2	•
4단 (30)	0	×30	•
5단 (24)	0	×6 (×1 ❈1)*6 ×6	•
6단 (18)	0	×6 ❈6 ×6	•
7~8단 (18)	0	×18	•

[연한노랑색
연한민트색
연한회색]

9부터 17단까지 3가지 색상을 1단씩 교대로 바꿔가며 뜹니다.

9~17단 (18)   0   ×18   •

[크림색]

18단 (18)   0   ×18   •
19-1단 (18)   0   x̄18   • (앞이랑뜨기를 놓치지마세요!)
20-1단 (18)   0   ×18   •

마무리한 뒤 실을 짧게 자르고 편물 속에 숨겨 완성합니다.

[살색]

18단 첫 코 뒤쪽 반코에 실을 걸고 시작합니다.

19-2단 (18)   0   x̲18   • (이랑뜨기를 놓치지마세요!)
20~46단 (18) 0   ×18   •

발끝 모양을 신경 쓰며 솜을 빵빵하게 채워 넣습니다.

163쪽 [다리 관절]을 참고해 솜을 채워 넣어 주세요.

[납작군 다리 시작]

	[크림색]	47~52단 (18)	O ×18 •
			다리A에 2/3 정도 솜을 채워 넣고 마무리한 뒤 실을 짧게 자르고 편물 속에 숨겨 완성합니다.
			1~52단을 반복해 다리B를 떠 주세요.
			163쪽 [다리 관절]을 참고해 솜을 채워 넣어 주세요.

다리 연결 [크림색]

납작하게 접은 두 다리의 뒷면이 정면을 향하도록 한 뒤
다리B의 안쪽으로 다섯 번째 코에 실을 걸어 시작합니다.

53단 (54)	다리B에서 O ×14 (마지막 4코는 남겨 주세요.)
	사슬뜨기 9
	납작하게 접은 다리A 첫 번째 코에 사슬 연결 후 ×18
	사슬에서 ×9 (이랑뜨기를 놓치지마세요!)
	다리B 남겨둔 4코에 ×4 •
54단 (54)	다리B에서 O ×14
	사슬에서 ×9 (이랑뜨기를 놓치지마세요!)
	다리A에서 ×31 •
55~59단 (54)	O ×54 •

> **TIP** 다리 연결하기

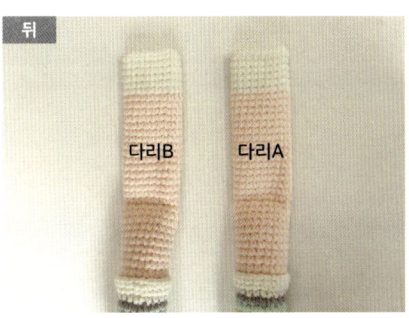

❶ 납작하게 접은 두 다리의 뒷면이 정면을 향하도록 나란히 놓습니다. 다리B 뒷면의 바깥쪽에서 안쪽으로 다섯 번째 코에 실을 걸어 짧은뜨기(X)를 14코 진행한 후 사슬뜨기(O)를 9코 진행합니다.

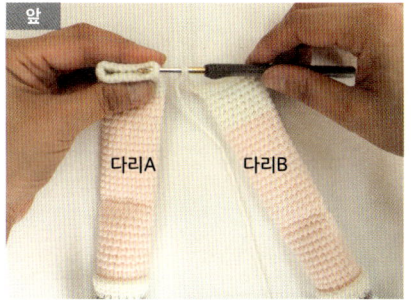

❷ 다리A를 납작하게 접었을 때 만나는 첫 번째 코에 사슬을 걸고 짧은뜨기(X)를 18코 진행해 두 다리를 연결합니다.

몸통 + 얼굴	[연한노랑색 연한민트색 연한회색 진한민트색]	60~83단 (54)	60단부터 83단까지 4가지 색상을 3단씩 교대로 바꿔가며 뜁니다.
			O ×54 •
			솜을 채워 넣습니다.
	[살색]	84~100단 (54)	O ×54 •
		101단 (48)	O (×7 ⚘1)*6 •
		102단 (42)	O ×3 ⚘1 (×6 ⚘1)*5 ×3 •
		103단 (36)	O (×5 ⚘1)*6 •
		104단 (30)	O ×2 ⚘1 (×4 ⚘1)*5 ×2 •
		105단 (24)	O (×3 ⚘1)*6 •
			인형이 더욱 빵빵해지도록 솜을 보충해 주세요.
		106단 (18)	O ×1 ⚘1 (×2 ⚘1)*5 ×1 •
		107단 (12)	O (×1 ⚘1)*6 •
		108단 (6)	O ⚘6 •
			돗바늘 마무리를 합니다.

팔	[살색]	1단 (6)	원형뜨기로 ×6 •
		2단 (12)	O ✧6 •
		3~4단 (12)	O ×12 •
		5단 (14)	O ×5 ▽2 ×5 •
		6단 (12)	O ×5 ⚘2 ×5 •
		7단 (12)	O ×12 •
	[진한민트색 연한회색 연한민트색 연한노랑색]	8~37단 (12)	8단부터 37단까지 4가지 색상을 3단씩 교대로 바꿔가며 뜁니다.
			O ×12 •
			2/3 정도 솜을 채워 넣고 마무리한 뒤 실을 40cm 남기고 자릅니다.
			반대쪽도 동일한 방식으로 작업하세요.

머리카락

[갈색]
- 1단 (6)　　원형뜨기로 ×6　•
- 2단 (12)　　0　✧6　•
- 3단 (18)　　0　(×1 ✧1)*6　•
- 4단 (24)　　0　×1 ✧1 (×2 ✧1)*5 ×1　•
- 5단 (30)　　0　(×3 ✧1)*6　•
- 6단 (36)　　0　×2 ✧1 (×4 ✧1)*5 ×2　•
- 7단 (42)　　0　(×5 ✧1)*6　•
- 8단 (48)　　0　×3 ✧1 (×6 ✧1)*5 ×3　•
- 9단 (54)　　0　(×7 ✧1)*6　•
- 10~16단 (54)　0　×54　•
- 17단 (54)　　0　×1 T3 T̄8 T4 ×38　•
- 18~21단 (34)　평면뜨기로　0　×34

마무리한 뒤 실을 40cm 남기고 자릅니다.

신발 *46쪽 타원뜨기를 참고하세요.

[연한회색]
　　　　　　　사슬뜨기 8　•
- 1단 (18)　　0　(×7 ✧1)*2　•
- 2단 (24)　　0　✧1 ×6 ✧3 ×6 ✧2　•
- 3단 (30)　　0　×1 ✧1 ×6 (×1 ✧1)*3 ×6 (×1 ✧1)*2　•
- 4단 (36)　　0　×2 ✧1 ×6 (×2 ✧1)*3 ×6 (×2 ✧1)*2　•
- 5단 (36)　　0　✗36　•

[진한갈색]
- 6단 (36)　　0　×36　•
- 7단 (24)　　0　×6 ✧3 Ā6 ✧3 ×6　•
- 8단 (24)　　0　×24　•

마무리한 뒤 실을 짧게 자르고 편물 속에 숨겨 완성합니다.
반대쪽도 동일한 방식으로 작업하세요.

신발 스트랩

[진한갈색]

* 42쪽 평면뜨기를 참고하세요.

1단 (10)	사슬뜨기 **10**
	기둥사슬 4코 세우고 사슬산에 ×**10**
	마무리한 뒤 실을 10cm 남기고 자릅니다.
	반대쪽도 동일한 방식으로 작업하세요.

바지

[진한갈색]

* 47쪽 원통뜨기를 참고하세요.

	사슬뜨기 **27**
	첫 코와 마지막 코를 빼뜨기(●)로 연결합니다.
1~11단 (27)	○　×**27**　●
	바지통A의 실을 잘라 마무리한 뒤 1~11단을 반복해 바지통B를 뜹니다.
12단 (54)	바지통B에서 ○　×**26**　(마지막 1코는 남겨 주세요.)
	바지통A의 두 번째 코에 연결 후 ×**27**
	바지통B 남겨 둔 1코에 ×**1**　●
13~20단 (54)	○　×**54**　●
	마무리한 뒤 실을 짧게 자르고 편물 속에 숨겨 완성합니다.

멜빵

[진한갈색]

* 42쪽 평면뜨기를 참고하세요.

1단 (50)	사슬뜨기 **50**
	기둥사슬 5코 세우고 사슬산에 ×**50**
	마무리한 뒤 실을 10cm 남기고 자릅니다.
	반대쪽도 동일한 방식으로 작업하세요.

얼굴

앞

- **앞머리** : 목 경계선에서 위로 12단
- **눈** : 목 경계선에서 위로 8~9단, 좌우 간격 10코
- **눈썹** : 눈에서 위로 1단
- **코** : 목 경계선에서 위로 8단
- **입** : 목 경계선에서 위로 5~6단
- **볼터치** : 눈에서 아래로 1단, 바깥쪽으로 1코

팔

옆

- **팔** : 목 경계선에서 아래로 2~3단 사이

단추 + 멜빵

앞

- **단추** : 허리 경계선에서 아래로 2단, 좌우 간격 14코
- **멜빵** : 바지 뒤쪽 허리 경계선에서 아래로 2단, 좌우 간격 14코

» 다리 관절

① 다리 30~31단 사이에 단수링을 걸어 관절 위치를 표시합니다. 겸자를 이용해 발끝이 빵빵해질 수 있도록 구석구석 솜을 넣어 주세요.

② 인형이 더 잘 꺾일 수 있도록 관절 근처에서는 솜의 양을 줄여 줍니다.

③ 돗바늘에 살색실을 끼운 뒤 단수링을 달아 둔 30~31단 사이를 가로질러 납작하게 홈질합니다. 반대쪽도 동일한 방식으로 작업하세요.

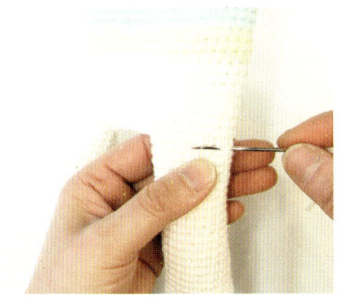

④ 두 다리와 몸통을 연결한 뒤 53~54단 사이에서 동일한 작업을 진행합니다. 이때는 크림색실을 사용하세요.

》팔

⑤ 솜을 2/3 정도 채운 뒤 21~22단 사이를 바느질해 관절을 표현합니다.

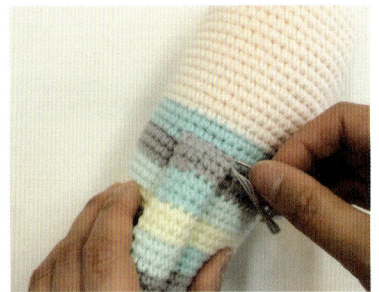

⑥ 돗바늘에 길게 남긴 실을 꿰어 준 뒤 위치에 맞게 바느질해 고정합니다. 양쪽 팔 모두 동일하게 작업해 주세요.

》머리카락

⑦ 돗바늘에 길게 남긴 실을 꿰어 앞머리에서부터 바느질을 시작합니다. 머리 전체를 한 바퀴 둘러 단단히 고정해 주세요.

》눈

⑧ 눈을 수놓을 위치에 시침핀을 꽂아 표시합니다. 돗바늘에 진한갈색실을 꿰어 눈을 수놓습니다. 과정을 여러번 반복해 입체감 있게 만들어 주세요.

》눈썹

⑨ 눈썹 역시 시침핀으로 위치를 표시한 뒤 수놓아 주세요. 단 눈썹은 일반 바늘에 바느질용 갈색실을 꿰어 바느질합니다. 한번 바느질하는 것으로 충분해요.

》코

⑩ 코 위치에 시침핀을 꽂아 표시합니다. 돗바늘에 단추를 끼운 바느질용 실을 꿰어 코를 달아 줍니다.

» 볼터치

» 입

11 돗바늘에 연한분홍색실을 꿰고 도톰하게 매듭지은 뒤 위치에 맞게 수놓습니다. *tip* 73쪽 엉뚱곰 21~26과 동일하니 참고하세요.

12 일반 바늘에 바느질용 빨간색실을 끼운 뒤 사진과 같이 입을 수놓습니다.

» 신발+스트랩 연결

13 스트랩에서 길게 남겨 둔 실 2가닥을 각각 돗바늘에 꿰어 신발 마지막 단에서 안쪽으로 넣어 줍니다.

14 안쪽으로 빠져나온 실 2가닥을 묶어 매듭짓습니다.

15 돗바늘에 남은 실을 꿰어 편물 안쪽에 숨겨 주세요. 스트랩 반대쪽에 단추를 달고 스트랩을 단추에 끼워 신발을 완성합니다. 반대쪽 신발에서는 스트랩과 단추의 위치를 반대로 달아 주세요.

» 바지+벨트 연결

16 완성한 바지를 뒤집어 멜빵을 달아 줍니다. *tip* 위의 13~14과정과 동일하니 참고하세요.

17 바지를 다시 뒤집어 바지 앞면의 동일한 위치에 단추를 달아 줍니다. 서로 교차해 앞으로 넘어온 멜빵을 단추에 끼워 바지를 완성합니다.

발(양말) + 다리

* 46쪽 타원뜨기를 참고하세요.

[크림색]		사슬뜨기 8
	1단 (18)	0 (×7 ⋁×1)*2 •
	2단 (24)	0 ⋁×1 ×6 ⋁×3 ×6 ⋁×2 •
	3단 (30)	0 ×1 ⋁×1 ×6 (×1 ⋁×1)*3 ×6 (×1 ⋁×1)*2 •
	4단 (30)	0 ×30 •
	5단 (24)	0 ×6 (×1 ⋀×1)*6 ×6 •
	6단 (18)	0 ×6 ⋀×6 ×6 •
	7~8단 (18)	0 ×18 •
[연한노랑색 연한분홍색 연한회색]		9부터 17단까지 3가지 색상을 1단씩 교대로 바꿔가며 뜹니다.
	9~17단 (18)	0 ×18 •
[크림색]	18단 (18)	0 ×18 •
	19-1단 (18)	0 $\overline{\times}$18 • (앞이랑뜨기를 놓치지 마세요!)
	20-1단 (18)	0 ×18 •
		마무리한 뒤 실을 짧게 자르고 편물 속에 숨겨 완성합니다.
[진한베이지색]		18단 첫 코부터 뒤쪽 반코에 실을 걸고 시작합니다.
	19-2단 (18)	0 $\underline{\times}$18 • (이랑뜨기를 놓치지마세요!)
	20~46단 (18)	0 ×18 •
		발끝 모양을 신경 쓰며 솜을 빵빵하게 채워 넣습니다
		163쪽 [다리 관절]을 참고해 솜을 채워 넣어 주세요.
[크림색]	47~52단 (18)	0 ×18 •
		다리A에 2/3 정도 솜을 채워 넣고 마무리한 뒤 실을 짧게 자르고 편물 속에 숨겨 완성합니다.
		1~52단을 반복해 다리B를 떠 주세요.

다리 연결
+
몸통
+
얼굴

[크림색]

53단 (54)	다리B에서 0 ×14 (마지막 4코는 남겨 주세요.)	
	사슬뜨기 9	
	납작하게 접은 다리A 첫 번째 코에 사슬을 연결 후 ×18	
	사슬에서 ×9 (이랑뜨기를 놓치지마세요!)	
	다리B 남겨둔 4코에 ×4 •	
54단 (54)	다리B에서 0 ×14	
	사슬에서 ×9 (이랑뜨기를 놓치지마세요!)	
	다리A에서 ×31 •	
55~59단 (54)	0 ×54 •	

납작하게 접은 두 다리의 뒷면이 정면을 향하도록 한 뒤
다리B의 안쪽으로 다섯 번째 코에 실을 걸어 시작합니다.

163쪽 [다리 관절]을 참고해 솜을 채워 넣어 주세요.

[연한노랑색
연한분홍색
연한회색
중간분홍색]

60~83단 (54)	0 ×54 •

60단부터 83단까지 4가지 색상을 3단씩 교대로 바꿔가며 뜹니다.

솜을 채워 넣습니다.

[진한베이지색]

84~100단 (54)	0 ×54 •
101단 (48)	0 (×7 ⚠1)*6 •
102단 (42)	0 ×3 ⚠1 (×6 ⚠1)*5 ×3 •
103단 (36)	0 (×5 ⚠1)*6 •
104단 (30)	0 ×2 ⚠1 (×4 ⚠1)*5 ×2 •
105단 (24)	0 (×3 ⚠1)*6 •

인형이 더욱 빵빵해지도록 솜을 보충해 주세요.

106단 (18)	0 ×1 ⚠1 (×2 ⚠1)*5 ×1 •
107단 (12)	0 (×1 ⚠1)*6 •
108단 (6)	0 ⚠6 •

돗바늘 마무리를 합니다.

팔　　[진한베이지색]　　1단 (6)　　원형뜨기로 ×6　•
　　　　　　　　　　　 2단 (12)　　0　 ✧*6　•
　　　　　　　　　　　 3~4단 (12)　 0　 ×12　•
　　　　　　　　　　　 5단 (14)　　0　 ×5　▽2　×5　•
　　　　　　　　　　　 6단 (12)　　0　 ×5　◇2　×5　•
　　　　　　　　　　　 7단 (12)　　0　 ×12　•

[중간분홍색
연한회색
연한분홍색
연한노랑색]　　8~37단 (12)　　0　×12　•

8단부터 37단까지 4가지 색상을 3단씩 교대로 바꿔가며 뜹니다.

2/3 정도 솜을 채워 넣고 마무리한 뒤 실을 40cm 남기고 자릅니다.
반대쪽도 동일한 방식으로 작업하세요.

머리카락　　[겨자색]　　1단 (6)　　원형뜨기로 ×6　•
　　　　　　　　　　　 2단 (12)　　0　 ✧6　•
　　　　　　　　　　　 3단 (18)　　0　 (×1 ✧1)*6　•
　　　　　　　　　　　 4단 (24)　　0　 ×1 ✧1 (×2 ✧1)*5 ×1　•
　　　　　　　　　　　 5단 (30)　　0　 (×3 ✧1)*6　•
　　　　　　　　　　　 6단 (36)　　0　 ×2 ✧1 (×4 ✧1)*5 ×2　•
　　　　　　　　　　　 7단 (42)　　0　 (×5 ✧1)*6　•
　　　　　　　　　　　 8단 (48)　　0　 ×3 ✧1 (×6 ✧1)*5 ×3　•
　　　　　　　　　　　 9단 (54)　　0　 (×7 ✧1)*6　•
　　　　　　　　　　　 10~16단 (54)　0　×54　•
　　　　　　　　　　　 17단 (54)　　0　 (×1 ◈1)*9　•

마무리한 뒤 실을 40cm 남기고 자릅니다.

치마
바지

* 47쪽 원통뜨기를 참고하세요.

[진한갈색]

[바지]를 먼저 떠 주세요.

사슬뜨기 27

첫 코와 마지막 코를 빼뜨기(•)로 연결합니다.

| 1~4단 (27) | 0 ×27 • |

바지통A의 실을 잘라 마무리한 뒤 1~4단을 반복해 바지통B를 뜹니다.

5단 (54)	바지통B에서 0 ×26 (마지막 1코는 남겨 주세요.)
	바지통A의 두 번째 코에 연결 후 ×27
	바지통B 남겨 둔 1코에 ×1 •

6~10단 (54)	0 ×54 •
11단 (54)	0 ×54 • (이랑뜨기를 놓치지마세요!)
12~13단 (54)	0 ×54 •

마무리한 뒤 실을 짧게 자르고 편물 속에 숨겨 완성합니다.

[진한갈색]

바지 윗단이 아래를 향하도록 뒤집은 상태에서

[바지] 10단 마지막 코부터 앞쪽 반코에 실을 걸고 [치마]를 시작합니다.

[납작양 치마 시작]

1단 (54)	0 ×54 •
2단 (57)	0 (×17 ✧1)*3 •
3단 (60)	0 ×9 ✧1 (×18 ✧1)*2 ×9 •
4단 (63)	0 (×19 ✧1)*3 •
5단 (66)	0 ×10 ✧1 (×20 ✧1)*2 ×10 •
6단 (69)	0 (×21 ✧1)*3 •
7단 (72)	0 ×11 ✧1 (×22 ✧1)*2 ×11 •
8단 (75)	0 (×23 ✧1)*3 •
9단 (78)	0 ×12 ✧1 (×24 ✧1)*2 ×12 •
10단 (81)	0 (×25 ✧1)*3 •
11단 (84)	0 ×13 ✧1 (×26 ✧1)*2 ×13 •

마무리한 뒤 실을 짧게 자르고 편물 속에 숨겨 완성합니다.

멜빵

* 42쪽 원통뜨기를 참고하세요.

[진한갈색]

1단 (50)	사슬뜨기 **50** 기둥사슬 5코 세우고 사슬산에 **×50** 마무리한 뒤 실을 10cm 남기고 자릅니다. <u>반대쪽도 동일한 방식으로 작업하세요.</u>

신발 * 46쪽 타원뜨기를 참고하세요.

[연한회색]

	사슬뜨기 **8**
1단 (18)	0 (×7 ✧1)*2 •
2단 (24)	0 ✧1 ×6 ✧3 ×6 ✧2 •
3단 (30)	0 ×1 ✧1 ×6 (×1 ✧1)*3 ×6 (×1 ✧1)*2 •
4단 (36)	0 ×2 ✧1 ×6 (×2 ✧1)*3 ×6 (×2 ✧1)*2 •
5단 (36)	0 ℃36 •

[진한분홍색]

6단 (36)	0 ×36 •
7단 (24)	0 ×6 ✧3 ⊼6 ✧3 ×6 •
8단 (24)	0 ×24 •
	마무리한 뒤 실을 짧게 자르고 편물 속에 숨겨 완성합니다. <u>반대쪽도 동일한 방식으로 작업하세요.</u>

신발 스트랩 * 42쪽 평면뜨기를 참고하세요.

[진한분홍색]

	사슬뜨기 **10**
1단 (10)	기둥사슬 4코 세우고 사슬산에 **×10** 마무리한 뒤 실을 10cm 남기고 자릅니다. <u>반대쪽도 동일한 방식으로 작업하세요.</u>

» 머리카락+얼굴+팔

1. 솜을 채워 넣고 돗바늘 마무리해 몸통을 완성합니다. 납작양의 얼굴을 도안에 맞춰 수놓아 주세요. 양쪽 팔과 머리카락 역시 위치에 맞게 달아 줍니다. *tip* 163쪽 납작군 1~17과 동일하니 참고합니다.

» 땋은 머리

2. 앞머리 한가운데에 단수링을 걸어 표시해 둡니다.

3. 겨자색실을 30cm 길이로 잘라 준비합니다. 표시해 둔 단수링에서 뒤쪽으로 10번째 코에서부터 긴 머리를 연결할 거예요.

4. 준비한 실을 반으로 접어 끝단에 찔러 넣은 코바늘에 걸어 주세요.

5. 실이 걸린 바늘을 코 사이로 빼 고리를 만듭니다.

6. 바늘에 실을 감습니다.

7. 실이 감긴 바늘을 고리 사이로 뺀 뒤 실도 끝까지 빼 주세요.

⑧ 머리카락이 끝단에 고정되도록 빼낸 실을 끝까지 잡아당깁니다.

⑨ 같은 방법으로 뒤쪽 11코에 머리카락을 연결합니다. 머리카락은 총 12가닥이 됩니다.

⑩ 연결한 머리를 땋아준 뒤 진한분홍색실로 예쁘게 묶어 주세요. 반대쪽도 동일한 방식으로 작업하세요.

로미오 & 줄리엣

라나돌스 디자이너가 사용하는 인형실

80가지 다양한 색상! 뛰어난 발색! 부드러운 터치감!
로미오 & 줄리엣과 함께라면 뜨태기란 없다

 정가 ₩4,000 | 정가 ₩3,000

📷 인스타그램 @sevy_knitncrochet   🛍 제품 및 패키지 구입 문의   📞 02-352-5900   💻 WWW.SEVY.CO.KR